아마골퍼 270야

장타로 가는 비결

D1515605

아마골퍼 270야드
장타로 가는 비결

카와이 타케시 지음 | 김영석 옮김

아카데미북

'잘 치기 위해서는 어쨌든 공을 많이 쳐 보고, 자신의 몸으로 스윙 감각을 익히는 수밖에 없다'

'정확한 그립으로 단단히 쥐고, 올바른 자세로 스윙하는 것이 무엇보다 중요하다'

'서투른 자세를 교정하고 같은 실수를 되풀이하지 않기 위해 연습한다'

최근에 연구 되고 있는 '운동의 원리 · 원칙' 에 의하면 유감스럽게도 위의 제안들은 모두 어긋난다.

나 역시 전문적으로 운동학과 코치학을 연구하고 있음에도 불구하고 골프를 처음 시작할 때는 이와 같은 여러 가지 경험에 근거를 둔 레슨을 받았다.

골프도 '운동' 종목 가운데 하나다. 그런데도 운동학의 측면에서 구체적으로 살펴보면 연습 방법과 지도 방법이 운동의 이치에 맞지 않다.

그것은 타이거 우즈(Tiger Woods)가 독주하는 모습을 보면 확실히 알 수 있다. 타이거 우즈가 그만큼 강한 것은 자신의 신체 사용 방법과 멘탈(mental) 부분의 테크닉이 지금까지의 골프 상식에 구애받지 않고 '운동의 원리 · 원칙을 따르고 있기 때문이다. 그의 플레이를 분석하면 할수록 우즈 자신은 물론 스태프들이 최신의 과학을 열심히 연구하여 활용했다는 점에 놀라게 된다.

대부분의 플레이어를 지켜보다 보면 '공을 더욱 멀리 날릴 수 있는데 무엇 때문에 저렇게 날려 보내지 못할까?' 하는 의문이 생긴다.

나는 자신 있게 말할 수 있다. 당신도 현재의 체력, 기술, 도구로 비거리를 더욱 늘릴 수 있다고. 적어도 20야드(1야드는 91.44㎝)는 확실하다. 타이거 우즈 같은 뛰어난 배근(背筋)과 젊음도 필요하지 않다. 또한 놀랄 만큼 발전해 온 골프 용구나 특별한 트레이닝에도 의지할 필요가 없다. 가장 중요한 것은 오로지 당신의 몸을 잘 활용하여 공이 멀리 날아가도록 하는 것이다. 골프 실기 수업을 하다 보면 "카와이(川合) 선생님은 가르치는 방법이 다른 선생님과 달라요." 라는 말을 자주 듣게 된다. 운동학에 근거를 둔 상식적인 프로그램을 만들었을 뿐인데 약간이라도 골프를 아는 사람에게는 시작하는 방법부터 다르게 느껴지는 듯하다.

어쨌든 처음부터 클럽을 잡지 못하게 하고 골프공만을

오른손에 들고 아래에서 위로 던지게끔 지도하기 때문에 의아해하는 것도 당연할지 모른다. 그러나 바로 이러한 동작 안에 '운동의 유동성'과 '운동 회로', '반동 동작' 등 비거리를 극대화하기 위해서 인체가 꼭 해야 할 기본 동작이 모두 포함되어 있는 것이다.

지금까지 몇 천, 몇 만 번의 공을 치고 또 몇 년씩이나 걸려서 터득해 온 비거리를 극대화하기 위한 동작의 기본을 간단하게 몸에 익힐 수 있는 것이다. 이는 운동 전문가들에게는 매우 당연한 사실이다. 그러나 수많은 골퍼들에게는 굉장히 놀랄 만한 사실로 받아들여지는 듯하다.

함께 플레이한 대부분의 사람들이 처음에는 나의 이론에 반신반의했다. 그러나 라운드나 연습 중에 지금까지와 다른 비거리를 현실로 체험하면서 믿고 따르게 되었다. 이 책에서 제시하는 '운동의 이치'에 맞는 연습을 하다 보면 여러분에게도 비거리 향상과 함께 골프의 참맛을 느끼는 순간이 오리라 확신한다.

지은이

| 차례 |

2장 **'효과적인 운동의 법칙'은 골프에도 적용된다**

'4방향 밸런스 트레이닝법'을 이용하여
온몸으로 비거리를 극대화한다

특별
공개

오른손으로 공을 던지는 것부터 시작하는
비거리 극대화를 위한 육성 프로그램

몸에 무리를 주는
연습 방법으로는
비거리를 늘리지 못한다

멋진 스윙 자세를 고집하지 마라

이치에 맞으면 폼은 '개성적'이어도 좋다

흔히 스윙을 멋지게 하는 사람을 보면 골프 실력이 뛰어날 것이라고 믿게 된다. 그런데 정말 '골프 실력이 뛰어난 사람'의 스윙은 한결같이 다 멋있을까?

코스에 자주 나가는 친구들을 살펴보면 10년이 넘게 골프를 즐겨 온 사람들이다. 그들은 골프를 대단히 좋아하며, 대체로 70, 80타의 스코어를 기록하고 비거리도 어느 정도 내고 있다. 물론 그중에는 싱글 플레이어도 몇 명 있다.

그런데 이상하게도 그들의 스윙은 그다지 멋있지 않다. 그러면서도 그들 나름대로 스코어를 내고 비거리도 "그렇게 날려서 몸이 괜찮아?" 하며 놀랄 정도로 잘들 친다.

덧붙여서 말하면, 60세를 약간 넘은 필자로서도 250야드 정도는 칠 수 있으나 스윙이 멋진가에 대해서는 자신하기 어렵다.

그러한 플레이어를 보다 보면 지금까지 골프의 기본이라고 불렸던 멋진 스윙이란 도대체 무엇인가 하는 문제에 대해 나도 모르게 회의를 갖게 된다. 그들과 함께 목표했던 방향으로 어느 정도 거리까지 공을 날리게 되면 "스윙의 자세에 대해서는 이러쿵저러쿵 할 필요가 없다." "중요한 것은 얼마나 즐겁게 라운드할 수 있는가다." 하는 말들을 한다. 그중에는 "어때! 내 폼 개성적이지?" 하고 우쭐대는 사람까지 있다.

그렇다. 골프는 우선 즐겁게 해야 한다. 자세 따위는 다분히 개성적이라도 좋다.

그런데도 골프 연습장에서는 여전히 레슨 프로가 "이봐요, 겨드랑이를 더 모으지 않으면 벌어져서 보기 흉해요!" 하며 적극적으로 멋진 폼을 장려하고 있다.

나는 레슨 프로들이 왜 그렇게까지 멋진 스윙을 고집하는지 의문이 생긴다. 과연 골프는 폼부터 우선 연습하는 것이 올바른 방법일까?

아니다. 절대로 멋진 스윙 폼 따위를 고집하지 마라!

예를 들면 왼쪽 팔꿈치를 땡기는 스기하라 테루오(杉原輝雄) 프로 특유의 스윙을 기억하는 분이 적지 않을 것이다. 이미 환갑을 넘은 나이에도 불구하고 바로 5, 6년 전까지 토너먼트 시합에서 종종 상위에 입상했다.

스기하라 프로는 팔로우에서 스윙을 할 때 왼쪽 팔꿈치를 꺾어서 접지 않는다. 왼쪽 팔꿈치를 접은 채로 치켜 올린다. 결코 멋진 스윙은 아니다.

앞에서 말한 싱글 플레이어와 스기하라 프로의 스윙 폼은 양쪽 모두 그다지 멋지지 않지만 둘 사이에는 매우 중요한 공통 사항이 있다. 그것은 양쪽 모두 '운동의 이치'에 맞는 스윙을 하고 있다는 것이다.

'운동의 이치'라면 왠지 어려운 이론을 제시한 것처럼 보일 수도 있다. 그러나 골프를 포함해서 배구, 달리기, 워킹 등 어떤 운동이든지 간에 '운동의 이치'에 맞지 않으면 실력은 향상되지 않는다.

이 책에서 말하고자 하는 바는 골프도 운동의 일종이므로 운동의 이치와 법칙에 일치하는 골프를 즐기자는 것이다. 그것은 결코 어려운 이야기가 아니다. 바로 여러분 자신의 스타일로 골프를 즐기라는 의미다.

비거리 극대화를 방해하는 '깁스'를 떼자

이 책에서는 '깁스'라는 단어가 자주 나온다. 깁스의 원래 뜻은 골절 등을 당했을 때 손상 부위를 고정시켜 움직이지 못하게 하는 것이나 또는 그 기구(器具)를 가리킨다.

골프를 배울 때 우리는 신체에 '깁스'를 하고 있는 듯한 마음으로 배우는 것은 아닐까? 이 '깁스'가 골프를 배우고 즐기는 흥미를 감소시키고 있다.

- ✖ 그립은 왼손 우선이며, 새끼손가락, 약지, 중지 세 손 가락으로 단단히 쥔다
- ✖ 어드레스에서는 어깨와 양팔로 삼각형의 정확한 모양 을 만든다
- ✖ 테이크 백에서는 왼쪽 어깨가 턱밑으로 올 때까지 회 전시킨다
- ✖ 테이크 백에서는 결코 머리를 움직이지 않는다
- ✖ 다운 스윙에서는 그립 끝을 공을 향해 내리친다
- ✖ 임팩트 시에는 왼쪽 벽을 확실하게 만든다

이러한 지도 방법들은 모두 즐거움을 방해하며 운동의 법칙에 어긋나는 '깁스'에 해당한다. 즉 즐겁지도 않고 즐 거움을 주지도 않으면서 비거리 극대화를 방해하는 원인 이 된다.

대체로 개개인의 운동 능력에는 차이가 있기 때문에 어 떤 방법을 일률적으로 적용하는 것은 무리다. 그런 식으로 주입하면 즐거워야 할 골프에 오히려 흥미를 잃게 되는 경 우가 많다.

여러 가지 '깁스' 중에서 초보자들에게 해당되는 것이 우선 '스윙이 멋져야 한다'는 '깁스'다.

나는 대학에서 골프에 대해 강의할 때는 절대로 '멋진

비거리 극대화를 방해하는 깁스

> ● 움직임을 정지하거나 고정시키면 안 된다.
> 몸이 자유롭게 움직이고 있을 때 최고의 운동 능력을 발휘할 수 있다.

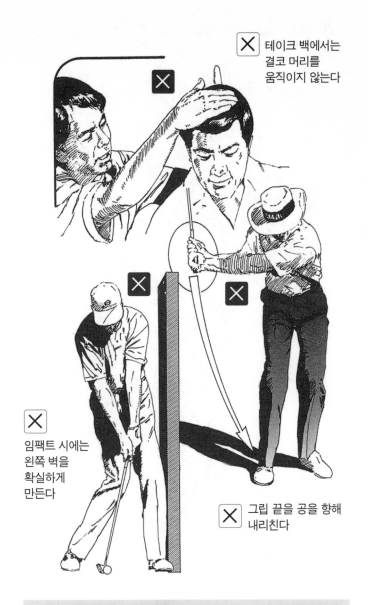

테이크 백에서는 결코 머리를 움직이지 않는다

임팩트 시에는 왼쪽 벽을 확실하게 만든다

그립 끝을 공을 향해 내리친다

⊙ 이런 것들은 모두 '운동의 법칙' 에 어긋나며, 비거리 극대화를 방해하는 자세다.

이러한 '깁스' 를 하고 있지는 않은가?

X 테이크 백에서는 왼쪽 어깨가 턱밑으로
올 때까지 회전시킨다

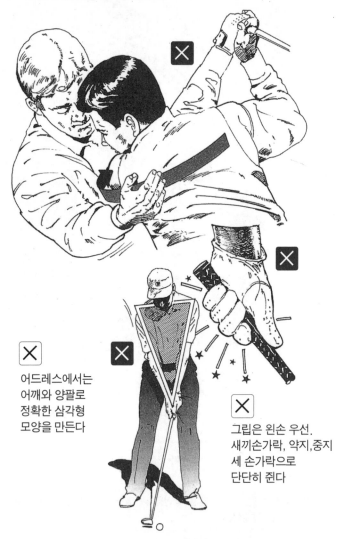

X 어드레스에서는
어깨와 양팔로
정확한 삼각형
모양을 만든다

X 그립은 왼손 우선.
새끼손가락, 약지,중지
세 손가락으로
단단히 쥔다

스윙'을 강요하지 않는다. 다만 '운동의 법칙에 일치하는 스윙을 하자', '본인의 운동 능력에 적합한 스윙을 만들어 가자'라고 지도할 뿐이다.

여러분의 몸속에는 골프를 잘 치게 하는 요소가 숨어 있다. 그것이 구체적으로 어떤 것인지 지금부터 명확하게 밝혀 보자. 우선 필자가 학생들에게 골프를 가르치는 방법부터 소개하겠다.

'테이크 백' 보다는 '와인드 업'

골프 공을 던져 보면 스윙의 모든 것을 알 수 있다

"자, 시작해 볼까? 우선 공을 언더 스루로 던져 보자!"

골프 수업을 처음 시작할 때 학생들에게 이렇게 요구하면 "어? 선생님. 공을 던진다고요?" 하는 반문이 쏟아져 나온다.

대부분의 학생들은 '분명히 골프 수업을 받으러 왔는데……' 하는 표정으로 의아한 반응을 보이며 멍하니 서 있기만 한다. '도대체 선생님은 왜 이런 것을 시키는 것일까?'

학생들 입장에서 보면 약간 당황스런 일일지도 모른다. 첫 수업 시간인 만큼 골프의 기본인 클럽 쥐는 법부터 배울 거라고 생각했는데 치기 위해 준비한 공을 야구 스타일인

공을 던져 보면 티샷 스윙의 모든 것을 알 수 있다

언더 핸드 스루(UNDER HAND THROW)

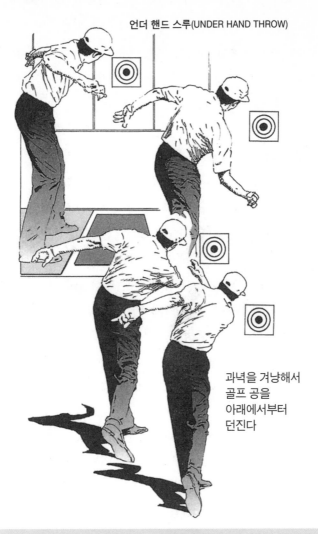

과녁을 겨냥해서
골프 공을
아래에서부터
던진다

◐ 던질 때의 팔의 자세와 몸의 전체적인 자세야말로 운동의 이치에
맞게 공을 치는 자세다.

언더 스루로 던지라고 지시했으니 놀라는 것은 당연하다.

나는 학생들의 놀라는 반응을 무시하고 "자, 전방에 있는 과녁에 맞힐 수 있도록 던져 볼게요." 하고 시범을 보인다. 4면에 네트가 설치되어 있는 연습장 정면 20m 앞에는 과녁이 준비되어 있다. 그 과녁에 공을 명중시키는 연습이다.

일단 그렇게 하고 나면 "선생님이 정말로 그러시는 것 같아!" 하며 학생들도 공을 던지기 시작한다. 처음에는 반신반의하던 학생들 가운데는 아래에서 위로 던지는 학생도 있지만, 시간이 지날수록 곧바로 던지려고 집중하기 시작한다. 10회 정도 던지면 대부분의 학생들이 잘 던질 수 있게 된다. 바로 이 연습이 평생 즐겁게 골프를 칠 수 있고 실력 향상에도 매우 중요한 기본 동작이다.

골프는 과녁 맞추기 게임이다. 과녁 맞추기 감각을 몸에 익히기 위해서는 어렸을 때부터 항상 해 오던 공 던지기 놀이가 가장 좋은 방법이다. 야구를 좋아하는 소년은 말할 것도 없고 여성들도 어렸을 때 피구로 남자들을 압도해 본 기억이 있을 것이다. 그 당시의 감각을 기억해 내면 좋을 것이다.

무슨 이유로 수업 첫시간에 골프 공을 언더 스루로 던지게 했을까? 물론 그것은 공을 던질 때의 와인드 업 동작부터 스루(투구)까지의 일련의 동작과 골프의 테이크 백부터 히팅까지의 동작에 서로 공통되는 부분이 있기 때문이다.

그저 학생들에게 '이 방법이 골프의 테이크 백을 잘할

'테이크 백'이 아닌 '와인드 업'이라고 이해하라

◉ 자연스럽게 할 수 있는 운동 동작을 도입하면 스윙도 망설일 필요가 없다.

수 있게 하는 요령이다' 라고는 말할 수 없다. 처음으로 클럽을 잡는 사람에게 '테이크 백' 이란 단어는 이해하기도 어렵고, 이미지조차 떠오르지 않을 것이다.

필자는 골프 용어를 가능한 한 사용하지 않고 다른 운동 종목에서 사용하는 용어로 바꿔 설명하려 한다. 그래서 테이크 백이 아닌 와인드 업이라고 설명하고 있는 것이다.

와인드 업!

그것은 야구에서 피처가 준비 단계에서 던지기까지 일련의 동작이다. 마츠자카 다이스케(松坂大輔) 투수나 노모 히데오(野茂英雄) 투수의 와인드 업을 떠올리면 된다. 이 동작이 야구 선수에게는 테이크 백이고, 골퍼에게는 와인드 업이다. 와인드 업이라고 바꾸어 설명함으로써 테이크 백의 이미지를 빠르게 떠오르게 하기 위해서다.

애버리지 골퍼라도 가끔 와인드 업(테이크 백)이 딱 들어맞지 않는 경우가 있다. 그러한 경우에는 클럽을 놓고 와인드 업 동작으로 골프 공을 던져 본다. 반드시 좋았던 때의 와인드 업(테이크 백) 감각을 되찾을 수 있을 것이다(코스 위에서의 경기 중에는 바람직하지 않지만 티 그라운드 등 다른 골퍼들에게 위험을 주지 않는 곳이라면 괜찮다. 물론 연습장에서도 OK!).

스냅을 잘 활용하면 파워가 생긴다

이 와인드 업 중에는 공을 강하고 정확하게 던지기 위해서 꼭 필요한 스냅이라는 동작이 포함되어 있다. 이것도 올바르게 드로잉함으로써 습득할 수 있다.

지금까지 출판된 골프 레슨서에는 대부분 '클럽을 테이크 백 하여 최고 높은 지점에 위치하고 있을 때 손목을 고정하라'고 쓰여 있을 것이다. 그런데 드로잉 때 되돌아오는 시점에서 손목의 움직임인 스냅이 골프에서는 전혀 이루어지지 않는다. 이것은 운동학의 관점에서 보면 이치에 맞지 않는다.

학생들에게 이렇게 설명하면 지금까지 힘을 주어 고정하고 있던 손목이 풀어진다. 클럽으로 공을 치는 단계로 들어가서는 "아니, 내 공이 저 정도까지 날아가네!" 하고 자신도 놀랄 정도로 공을 정확하고 멀리 날려 보낼 수 있게 된다.

'스냅을 사용하라'는 표현을 쓰는 골프 레슨서는 거의 없다. 대개는 코크라는 용어를 사용하고 있는데 경험상으로 보면 '코크를 사용하라'는 표현은 이해하기가 어렵다. 그러나 '스냅을 사용하라'고 하면 바로 이해할 수 있다.

스냅을 능숙하게 사용하지 못하면 공을 먼 곳으로 날려 보낼 수 없다. 손목을 단단히 고정하고 있으면 아무리 혼신의 힘을 다해도 공은 멀리 날아가지 않는다. 더욱 곤란

한 문제는, 손목을 고정하고 있는 사람일수록 공을 칠 때 코크가 빨리 풀어져서 때문에 가장 중요한 손목이 느슨해진 뒤 겹쳐져 버린다는 것이다.

반면에 스냅을 빠른 단계에서 터득한 사람, 즉 손목의 부드러운 전환을 익힌 사람은 공을 멀리 날려 보낼 수 있을 뿐만 아니라 다운 스윙부터 공을 임팩트하기까지 손의 움직임에 클럽이 달라붙어 있기 때문에 겹치지 않고 공을 정확히 칠 수 있다.

"선생님! 공을 '정확히 친다는 것' 은 어떤 감각인가요?"

"좋은 질문입니다. 잘 발견했어요. 공의 비거리는 헤드 스피드에 비례하죠. 요컨대 정확히 스위트 스포트에 맞히면 자신이 발휘한 힘 이상의 스피드로 공이 날아간다는 것입니다."

"자신이 발휘한 파워 이상으로 공이 날아간다? 그것이야말로 쾌감 만점이죠!"

"그것은 골프를 통해서만 느낄 수 있는 쾌감이죠!"

빠른 단계에서 스냅을 사용하는 방법을 터득하자. 이것이 비거리 향상에 크게 관련되어 있다는 것은 틀림없는 사실이다. '먼저 자세를 완성한 다음에 비거리를 늘리자' 고 익히기 전에 처음부터 비거리를 극대화하기 위해 자세를 익히는 것이 좋다. 특히 초보자인 경우에는 스냅의 사용법을 익히는 것만으로도 골프를 성공적으로 시작한 것이라고 할 수 있다.

'코크' 라고 생각하지 마라
'스냅' 이라고 이해하라

언더 핸드 스루
(UNDER HAND THROW)

○ '스냅' 을 잘 이용하기 때문에 공을 빨리 던질 수 있으며, 먼 곳으로도 날려 보낼 수 있는 파워가 생긴다.

　　이론보다 실제! 우선은 와인드 업 모션으로 공을 던져 스냅을 사용하는 요령을 익히기로 하자.

왼손 중심의 그립은 잘못

왼손을 가볍게 쥐면 파워가 잘 전달된다

지금까지의 레슨서는 거의 대부분 왼손 주도(오른손잡이 경우)로 가르치고 있다. 그런데 '코치학'에 근거한 입장에서 보면 다소 차이가 있다.

'코치학'이라는 생소한 학문이 골프 기술의 향상과 어떠한 관계가 있는가에 대해서는 나중에 설명하기로 하겠다. '왼손 주도'라는 말을 곰곰이 따져 본다면 글씨를 쓸 때 왼손으로 쓰라는 것이다. 그런데 대부분의 오른손잡이는 왼손으로는 글씨를 제대로 쓸 수 없다.

나는 그립에 대해서 다음과 같이 지도하고 있다.

왼쪽 엄지손가락을 클럽 정 위쪽에 올려놓고 나머지 손가락을 가볍게 붙이고, 오른손은 왼쪽 엄지손가락과 샤프트를 감싸듯 잡는다.

단지 이 자세뿐이다. 그립을 쥐는 힘에 대해서는 '손바닥 안의 작은 새를 죽이지 않을' 정도라는 표현이 이상적이다.

전체적으로 모두들 잘 이해하고 있다. 그런데 와인드 업이 시작되면 힘이 들어가 다운 스윙부터 임팩트 시까지 왼손을 너무 꽉 쥐어 손바닥 안의 작은 새를 죽이는 것과 같은 상황이 발생한다.

왜 양손을 꽉 쥐게 되는 것일까? 그것은 그립이 느슨해지면 클럽 페이스가 정 위치에서 벗어나지 않을까 하는 불안감이 생기기 때문이다. 또다른 이유는 힘껏 잡지 않으면 공을 강하게 칠 수 없다는 잘못된 선입관 때문이다.

그러나 사실은 그렇지 않다. 스윙은 원심력에 의해 지배되기 때문에 가볍게 쥐어도 벗어나는 일은 없다. 반대로 힘껏 쥐게 되면 클럽 페이스에 필요 없는 힘이 더해져 빗나갈 확률이 높아진다.

힘껏 쥐지 않으면 공을 강하게 칠 수 없다는 생각은 잘못된 것이다. 운동의 법칙상 아주 잘못된 오해들이다.

파워의 전달이란 그것을 중개하는 것(골프의 경우는 팔 전체)이 릴렉스(relax)된 상태가 아니면 10이라고 하는 파워는 맨 끝부분(클럽의 끝)에 10의 파워로 전달되지 않는다. 팔은 채찍처럼 탄력 있고 부드러워야 한다.

거듭 말하지만 왼손으로 그립을 힘껏 쥘 필요는 전혀 없다.

왼쪽 새끼손가락을 그립에서 뗀다

회사에 다니는 40세의 친구 하나가 몇 년이나 골프를 해왔는데도 불구하고 드라이버를 정확한 자세로 치지 못한다고 하소연해 왔다.

그 친구의 스윙을 자세히 관찰해 보니 임팩트 시에 그립을 꽉 고정시키고 있었다. 그 때문에 페이스(face)가 공을 정확하게 임팩트시키지 못하여서 공이 빗나가 버리는 것이었다.

"임팩트 시에 왼손을 꽉 쥐었지? 왼쪽 새끼손가락에 힘을 넣지 말고 쥐어 봐! 그러면 왼손에 불필요한 힘이 들어가지 않아."

이렇게 조언을 하자 그 친구는 조언대로 왼쪽 새끼손가락을 그립에서 떼고 공을 쳤다.

보통의 경우 두려움 때문에 자기 스타일을 버리고 다른 스타일로 치기가 쉽지가 않다. 그런데 그가 친 공은 빨래줄처럼 일직선으로 멋진 페이드성 라인을 그리면서 날아갔다.

그 이후로 그 친구는 페이드성, 드로우성 타구의 공을 선택해서 칠 수 있게 되었다. 정말 뜻밖의 공명으로 기술이 향상된 셈이다.

갑자기 스윙 감각을 잃게 되면 공과 골프채를 던져 본다

"어떻게 하면 오른손 주도의 그립 요령을 익힐 수 있을 까요?"

종종 이런 질문을 받는다.

이에 대한 답변은 간단하다. 앞에서 와인드 업(테이크 백) 의 요령을 배우는 방법으로 야구의 와인드 업 모션을 예로 소개했는데 그것을 그립에 응용할 수 있다. 골프의 오른손 그립도 야구에서 볼을 쥐는 것과 동일한 악력(握力)과 요령 이 필요하다. 모두 아는 바와 같이 야구에서는 투구할 때 왼손을 일체 사용하지 않는다. 다시 말하면 골프도 오른손 으로만 치는 셈이다. 단지 공과 달리 클럽은 길기 때문에 왼손은 오른손을 약간 거들어서 보조해 주는 것이다.

스윙할 때 왼손에 힘을 넣을 필요가 없다는 것을 실제로 확인해 보자. 다음과 같이 좋은 방법이 있다.

골프장에서 주위의 골퍼들이 없을 때를 틈타 지금까지 이 책에서 설명해 온 요령으로 스윙을 한다. 다만 클럽을 전방으로 멀리 내던진다. 그러면 어떻게 될까?

왼손에 힘이 들어가 있었다면 클럽은 왼쪽으로 날아가 버리고 만다. 클럽이 자연스럽게 손에서 떨어진 경우라면 전방으로 곧바로 날아간다. 자연스럽게 떨어진 경우란 오 른손으로 공을 던지듯이 클럽을 놓은 상황을 말한다. 이것 으로 골프의 스윙에 있어서 오른손의 역할, 그립의 요령을 실제로 느꼈을 것이다.

갑자기 스윙 감각을 잃었을 경우에는 야구의 와인드 업 모션으로 골프 공을 던져 본다. 그래도 스윙 감각을 되찾지 못한다면 클럽을 내던져 본다. 반드시 이 방법으로 스윙 감각을 되찾을 수 있을 것이다. 꼭 당부하고 싶은 것은 주위에 아무도 없을 때 해야 한다는 것이다.

스윙은 오른손 주도로 내리칠 것. 이것을 꼭 기억해 두자.

처음엔 '오른팔 한 손 스윙'으로 시작한다

나는 오른손 주도의 중요함을 실감할 수 있도록 "가장 잘 쓰는 오른손을 사용하고, 왼손은 보조 역할만으로도 충분합니다."라고 조언하고 있다.

골프를 처음 배우는 초보자들에게는 처음엔 오른손만으로 치라고 가르친다. 다만 공의 비행 방향을 안정시키기 위해 왼손은 오른팔 상완부(上腕部)에 살짝 대는 듯이 하고 와인드 업(테이크 백)을 한다. 오른손 그립은 샤프트와 악수하듯이 잡고 그립을 감싸듯 쥔다. 여기까지가 클럽을 이용한 골프 수업의 첫단계다. 이 방법은 어느 정도 골프에 친숙해진 애버리지 골퍼에게도 유효하다. 오랫동안 골프를 해 온 사람이라도 오른손만으로 휘두르면 불안해서 제대로 치지 못할 수도 있다.

물론 처음에는 능숙하게 휘두르지 못하는 사람도 있지만 계속해서 30분 정도 반복하다 보면 스윙의 회전 라인 중심이 신기할 정도로 안정된다. 가장 자유자재로 원활하게 움직일 수 있는 오른손의 감각이 되돌아왔다는 증거다.

그리고 오른손만으로도 한 손 스윙이 어느 정도 가능하게 되면 오른팔 상완부에 대고 있던 왼손을 떼고 양손을 사용한 스윙 방법을 지도한다. 앞으로의 스윙 지도에 왼손을 사용하지만, 왼손 엄지는 샤프트에, 손바닥은 힘을 주지 않은 채 약간 붙이는 자세만으로 휘두른다. 양손으로 그립을 쥐는 것이 아니라 왼손은 어디까지나 보조 역할만을 할 뿐이다.

이러한 방법을 통해 오른손으로 공을 치는 요령을 터득한 사람에게는 "이번에는 손가락과 손가락 사이를 좁혀 봅시다." 라고 지시한 뒤 오버래핑(overlapping)과 인터로킹(interlocking)스타일을 가르친다. 이때에도 나는 반드시 학생에게 묻는다.

"학생은 오버래핑과 인터로킹 스타일 중 어느 쪽이 치기 쉬운가요?"

"저는 인터로킹 스타일 쪽이 치기 쉬운 것 같은데요."

"그렇다면 그렇게 해요. 인터로킹 스타일을 자기 것으로 만들어 봐요."

여기에서 가장 중요한 점은 선생님이 학생들에게 맞는 스타일을 정해 주는 것이 아니라 학생들 스스로 판단해서

'오른팔 한 손 스윙'으로 공을 치는 감각을 알 수 있다

왼손은 오른팔 상완부에
살짝 댄다

오른손으로 샤프트와
악수하듯이 잡고
그립을 감싸듯 쥔다

그 동작 그대로 치켜들고
공을 친다

● 공을 던지는 것과 같은 타이밍으로 부드럽게 팔을 휘두른다. 이것이 공을 정확히 치는 스윙 동작이다.

자기에게 가장 잘 어울리는 스타일을 찾는다는 것이다.

어떤 경우에도 학생 스스로가 좋아하는 스타일로 치게끔 해 준다. 골프 수업은 어디까지나 본인이 주도해야 한다. 그것이 가장 바람직한 방법이다.

스윙하자마자 스피드가 다운되어 버리는 원인

본인이 원하는 대로 스윙을 하기 때문에 그중에는 헛스윙을 하는 학생도 있다. 헛스윙을 하는 학생 가운데는 흥미롭게도 필자의 수업을 받기 전에 약간이나마 골프를 배운 경험이 있는 학생들이 꽤 있다. 어설프게 '골프의 스윙이란 바로 이런 것이다' 라는 이미지를 갖고 있는 사람일수록 와인드 업식으로 치는 것이 불가능하다.

어느 날 그중 한 사람이 나에게 질문을 해 왔다.

"선생님, 저는 '테이크 백은 이렇게 하는 거다' 라고 연습장의 레슨 프로에게 배웠습니다."

그는 이렇게 말하면서 내 앞에서 스윙을 선보였다. 그 스윙 자세란……

어드레스에서 무릎을 힘껏 낮추고 발가락 끝으로 지면을 단단히 누르듯 밟은 다음, 천천히 클럽을 오른쪽 후방으로 들어 올린다. 그 다음 왼쪽 어깨가 턱밑으로 들어올 때까지 돌리고 클럽을 최고 높이까지 들어올린다. 한 번의 심호흡과 정지. 그리고 팔에 힘을 넣고 마음껏 클럽을 내리 휘두른다(또다시 헛스윙).

"음! 학생은 지금까지 상당한 돈을 연습장에 쏟아부었겠군! 하지만 걱정하지 말게. 오늘부터 반드시 잘 칠 수 있도록 지도해 주지."

신기하게도 오른손만으로 쳤을 때는 스윙 중에 스피드가 점점 상승하는 데 비해, 양손을 사용하면 스윙하자마자 스피드가 다운되어 버린다. 스윙에서는 스피드가 생명이다. 스피드가 있기 때문에 공은 날아가며, 목표한 대로 칠 수 있는데 양손을 사용하면 스피드가 다운되어 버린다.

왜 이런 현상이 나타날까?

인간에게 있어서 좌우 양손을 동시에 사용하는 것은 '협응 동작(協應動作)' 이라고 하는 고도의 작업이며, 오른손한 손으로 스윙했을 때 상승된 스윙의 스피드를 왼손이 방해하기 때문에 어렵다.

양손으로 쥐는 순간 갑자기 좋지 못한 골프의 이미지가 떠오르게 된다.

결국 '맞히기 위한' 것이다. 맞히려고 하는 의식이 작용하게 되면 꼭 스윙의 스피드가 줄어들고 만다. 오른손만으로 스윙했을 때는 공을 던지는 것과 같은 타이밍으로 팔을 가볍게 내리쳤는데……. 골프는 참으로 멘탈적인 요소로 가득 찬 스포츠다.

　　결론적으로 '공은 오른손으로 치는 것이고 왼손은 보조 역할을 할 뿐' 이다. 바로 이것이 타이밍을 유지하면서 공을 날아가게 하기 위한 기본이라는 점을 깊이 명심해 두자.

스윙이 좌우 대칭이면
공은 날아가지 않는다

팔로우 크기와 비거리의 메커니즘

다음과 같은 이야기를 자주 들었을 것이다.

톱 스윙부터 임팩트 시까지의 스윙의 크기를 1이라고 했을 때 임팩트 시부터 팔로우 스루까지의 크기도 1로 한다. 스윙은 좌우 대칭으로 균형 잡힌 상태에서 해야 한다.

어느 레슨서에는 좌우의 균형을 잘 잡는 방법으로 '우선 마지막 동작의 이미지를 그리면서 그 동작을 향해서 스윙을 하면 1대 1을 유지할 수 있다'고 적혀 있다. 이치상으로는 매우 알기 쉽다(틀림없이 정확한 거리감을 요구하는 어프로치 샷 등에서는 유효하다).

그러나 내 입장에서 볼 때 스윙 아크가 좌우 대칭인 경우는 없다. 예를 들면 연습장에서 눈에 띄게 멀리 공을 날려 보내는 사람의 스윙을 유심히 관찰해 보면 좌우 대칭의 스윙 따윈 하지 않는다. 큰 팔로우 스루 자세를 취하고 있고 밸런스에 비유하면 '전반 1대 후반 2'로 표현된다.

스윙은 1대 1이 기본이라고 하는 지도 방법은, 이해하긴 쉽지만 초보자에게는 폐해를 입힐 수 있는 위험이 있다. 전반에 1이라는 스윙 아크를 취하지 못하면 의식적으로 백 스윙을 취하기 때문에 오버 스윙이 되고 만다. 더욱이 공을 날리려고 하는 의식이 백 스윙을 보다 크게 만들고 결국 얄궂게도 가장 비거리를 낼 수 없는 2대 1이라는 스윙 밸런스에 빠져 버린다. 팔로우 스루는 큰 동작을 취해도 좋으나 백 스윙은 동작이 지나치게 크면 좋지 않다.

오버 스윙을 하지 않기 위해서는 와인드 업(테이크 백)한 그립이 귀 부근까지 접근해야 한다.

그런데 대부분의 사람은 헤드의 움직임에 영향을 받아 그립이 귀 부근에 오지 못하고 여기저기 또는 귀 뒤쪽으로 돌아가 버린다. 그로 인해 범위를 벗어난 헤드는 클럽이 되돌아올 때 미묘하게 흔들려 다운 스윙의 중심 축이 빗나가게 되는 것이다.

와인드 업(테이크 백) 시 오른쪽 무릎에 체중을 정확히 실으면 오버 스윙을 방지할 수 있다. 뒤에 설명하겠지만 오른쪽 무릎에 체중을 싣는 것은 백 스윙에서 파워를 저장하

공은 좌우 대칭 스윙으로 날아가지 않는다

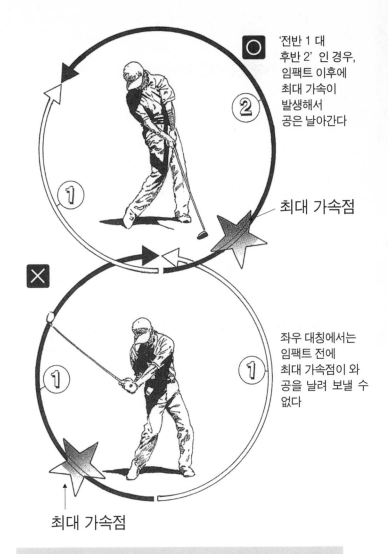

○ '전반 1 대 후반 2' 인 경우, 임팩트 이후에 최대 가속이 발생해서 공은 날아간다

최대 가속점

좌우 대칭에서는 임팩트 전에 최대 가속점이 와 공을 날려 보낼 수 없다

최대 가속점

◉ 클럽 헤드의 바람을 가르는 듯한 소리가 공의 임팩트 지점 전에 진행되고 있지는 않은가?

기 위한 것이며, 동시에 오버 스윙을 방지하는 역할도 하고
있다.

최대 가속으로 공은 튀어 날아간다

회전을 이용한 간결한 백 스윙이 가능해지면 팔로우 스
루를 향해서 결국 1대 2의 스윙 아크를 취할 수 있다. 그 이
후로는 몸의 축(軸)에 저장해 두었던 파워를 왼발에 싣고,
최대 가속으로 휘두르면 된다.

일반 골퍼의 헤드 스피드는 43~45m, 타이거 우즈 정도
가 되면 57~60m까지 나온다. 덧붙여서 말하면, 공의 비거
리는 헤드 스피드의 2승(乘)에 비례한다. 이것은 물리학상
의 냉철한 원칙이다. 타이거 우즈와 일반인의 비거리 차이
가 여기에 있다.

최고 정점(頂点)에서 내려온 클럽은 헤드 스피드를 점점
가속시키면서 공 쪽으로 접근해 온다. 지상에 정지하고 있
는 공의 운동량은 제로(0). 그러나 질량이 있기 때문에 임
팩트된 순간에 클럽은 저항을 받아 헤드 스피드는 20% 정
도 떨어지게 된다.

문제는 어디에 헤드 스피드의 최대 가속점이 존재하는가
에 있다. 2대 1의 스윙 아크에서는 임팩트 이전에 최대 가
속 상태에 도달해 버린다. 1대 1에서는 당연히 임팩트 순간
이 최대 가속점이지만 1대 2의 스윙 아크에서는 공으로부

터 30cm 또는 40cm 앞이 최대 가속점이 된다.

1대 2의 스윙 아크에서는 헤드가 공에 부딪혀 저항을 받아 스피드가 20% 정도 손실되어도 그것에 굴하지 않고 30cm에서 40cm 앞의 최대 가속점을 향해 클럽을 밀고 나갈 수 있다. 결국 이론적으로는 임팩트 시에 의해 움직인 공을 더욱 클럽 헤드로 밀고 나갈 수 있게 된다.

공이 튀어 오르듯 늘어난다. 이러한 현상은 임팩트 시 헤드 스피드는 20% 정도 감소되어도 헤드 스피드의 최대 가속점은 좀더 앞에 있기 때문이다. 예를 들면 야구의 마츠자카(松坂) 투수의 스피드 볼이 타자 바로 앞에서 155km로 상승하는 것과 같은 이치다. 덧붙여서 말하면 스피드 건은 손에서 볼이 떠난 직후의 측정치다. 즉 초속(秒速)을 측정한 것이다. 이것으로 스윙 아크는 1대 2 상황이 되어야 한다는 이유를 알 수 있다.

어느 시점에서 자신의 스윙 시 헤드 스피드가 최대 가속에 도달하는가는 헤드의 바람을 가르는 듯한 소리로 판단할 수 있다. 물론 최대 가속점에서 '휙' 하고 바람을 가르는 듯한 소리가 발생한다. 스윙 연습을 할 때는 한 타, 한 타 바람을 가르는 듯한 소리를 확인하면서 연습하자. 자세를 갖추는 것보다도 바람을 가르는 듯한 소리를 먼저 점검해야 한다. 반대로 이야기하면 바람을 가르는 듯한 소리가 공이 놓인 위치보다 먼저(임팩트 이후) 들린다면 자세는 자연히 갖춰지게 된다.

무릎을 좁히면 하반신의 탄력이 발휘되지 않는다

어드레스는 O각(脚) 자세가 좋다

무릎에 대해서도 깁스를 주제로 한 내용과 같이 좋지 않은 지도 방법이 병행되고 있는 것 같다. 와인드 업(테이크백) 시 몸이 오른쪽으로 쏠리지 않도록 양 무릎을 안쪽으로 힘껏 좁힌 자세로 클럽을 들어 올리려고 한다. 어쩌면 지금도 이와 같이 무릎을 안쪽으로 좁혀서 어드레스를 하고 있지는 않은가? 무릎을 좁힘으로써 언뜻 보기에 하반신이 단단하게 고정된 듯한 안심감(安心感)을 얻는다. 그러나 이 자세로 인해 비거리가 감소된다면 얼마나 안타까운 일인가. 일부러 깁스를 하는 어리석음을 범하고 있지는 않은가?

"어? 왜 무릎을 좁히면 안 되죠? 저는 그렇게 배웠는데요."

상급자 중에서도 이와 같이 무릎을 좁히는 방법으로 오랫동안 골프를 해 왔던 사람이 있다. 운동의 원리 · 원칙적으로 볼 때 바람직하지 않은 방법이다.

그 이유는 무릎을 굽히는 자세로는 신체의 탄력을 살릴 수 없기 때문이다. 탄력을 살리지 못하면 공을 멀리 날려 보낼 수가 없다. 와인드 업(테이크 백)으로 전신에 탄력을 모은 뒤, 다운 스윙으로 탄력을 발산해야만 공은 날아간다.

어드레스에서는 무릎을 부드럽게 유지해야 한다. 운동 형태학에서는 무릎 관절 앞부분, 즉 무릎 앞쪽이 발끝을 향해 있을 때 무릎이 가장 부드러운 상태다. 또한 그 자세가 가장 이상적인 자세다. 그 이상적인 자세에 굳이 일부러 깁스를 할 필요가 있겠는가. 무릎을 안쪽으로 넣고 하반신의 탄력을 죽인다. 그럴 경우 탄성체(彈性體)로서의 움직임을 억제해 버리기 때문에 당연히 공은 날아가지 않는다.

일반적으로 스포츠맨은 O각이 좋다고 한다. 그것은 O각 상태에서 하반신의 탄력을 살리는 것이 베이스이기 때문이다. 특히 점프력을 요하는 배구, 농구 등에서 일류 선수가 되느냐 되지 않느냐는 O각인가 아닌가에 상당한 관계가 있다. 필자가 배구 선수의 소질을 판단할 때 신장의 크기, 점프력, 경력보다도 다리의 형태가 O각인가 아닌가를 우선 점검할 정도로 이는 중요한 부분인 것이다.

인기가 많은 스모 선수들 중에 전형적인 X각인 선수가 있다. 어느 선수는 우승 경험도 있고 뛰어난 신체 조건과 실력이 있는 장사급인데도 좋은 성적을 내지 못한다. 그 이유는 항상 무릎 부상에 시달리고 있기 때문이다. X각인 사람은 부상당하기 쉽다. O각인 사람과 비교했을 때 전신(全身)의 반응 시간이 늦기 때문이다. 그래서 싸움이나 씨름판에서 공격당했을 때 가볍게 밀기만 해도 쉽게 넘어지고 만다.

스모 선수들에게 양다리를 넓게 벌리는 동작, 또는 한 발씩 힘있게 높이 들어 땅을 밟는 동작 등이 옛날부터 연습 방법으로 전해 내려오는 것도 O각을 만들고 순간 판단력을 향상(반응 시간을 빠르게 하기 위해)시켜 부상을 방지하기 위한 지혜로부터 나왔는지도 모른다.

X각 자세의 또다른 폐해

골프의 경우 무릎을 안쪽으로 좁힘으로써 공이 날아가지 않는 경우 이외에도 오버 스윙이 되는 폐해도 생긴다. 안쪽으로 무릎을 좁힌 채 와인드 업(테이크 백)을 하면 팔을 뒤쪽으로 편하게 가지고 갈 수 있다. 그로 인해 팔이 제멋대로 움직인다. 팔의 움직임에 의해 몸이 제어되지 않아 아무리 해도 오버 스윙이 될 경향이 있기 때문에 이 상태에서는 클럽의 최고 정점에서 가장 중요하다고 하는 매끄러운 스윙이 이루어질 리가 없다. '오버(과잉)' 상태, 그 자체가 이미 다음 동작에 무리를 준다.

무릎을 안쪽으로 좁히면 비거리 극대화를 꾀할 수 없다

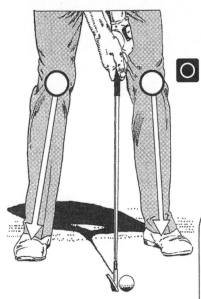

○ 무릎의 앞쪽이
발끝을 향할 때
○각형이어야
하반신의 탄력이
살아난다

무릎을 좁히면
하반신의 탄력이
죽는다

◗ 무릎을 좁히는 X각형에서는 전신의 반응 시간이 늦어 스윙의 순발력이 생겨나지 않는다.

어떻게 하면 오버 스윙을 방지할 수 있을까?

우선 O각 형태를 만든 다음 양 무릎을 편안하게 풀어 주고 대퇴부의 대퇴사두근(大腿四頭筋)에 체중을 실은 상태에서 어드레스 자세를 취할 것. 이 상태야말로 탄력과 파워의 원천이자 오버 스윙을 방지하는 자세다. 이 상태에서 테이크 백을 실행하면 팔이 후방으로 오버될 일이 없다.

실제로 해 보면 납득할 수 있으며 오른쪽 무릎에 정확히 체중을 실어 주면 상체가 필요 이상으로 움직일 리가 없다. 그렇기 때문에 결코 무릎을 안쪽으로 좁혀서는 안 되며, 차라리 안짱다리(O각) 자세에서 정확히 체중을 실어 주도록 한다.

무릎에 체중을 정확히 실으려면 오른다리로 쭈그려 앉는다

무릎에 정확히 체중을 싣는 요령이 있다. 하지만 골프를 오랫동안 해 온 사람들 중에도 이 요령을 모르는 사람이 있다. 그러한 사람에게는 "오른쪽 무릎으로 쭈그리듯이 해 보시겠어요?"라고 조언을 한 다음, 그림과 같이 오른발 전방으로 약간 비스듬한 위치에 있는 공을 쭈그리면서 줍는 모습을 보여 준다. 그러면 대부분의 사람은 "어! 그 모습은 쭈그리는 자세라기보다는 앉는 자세가 아닌가요?" 하면서 놀란다.

스윙 시에 체중 이동을 터득하는 방법

오른발 앞 비스듬한 위치에 있는 공을 왼손으로 주울수 있을 정도로 쭈그려 앉는다

공을 집으면 임팩트를 향해서 일어선다

⊙ 이 '쭈그려 앉음' 이 오른쪽 무릎에 체중을 싣는 감각이다.

지면에 있는 공을 주우려는 자세를 보여 주는 이유는 무릎에 정확히 체중을 싣는 것을 보여 줌과 동시에 어설프게 체중을 실어서는 안 된다는 것을 알려 주기 위해서다.

"그렇다면 체중 이동을 하찮게 생각해서는 안 되겠군요?"

"예. 맞아요! 느낌은 앉는 기분이지만 결과적으로는 체중 이동이죠."

"그래도 쭈그려 앉으면 몸이 상하로 움직이지 않나요?"

"약간 상하로 움직여도 공은 정확히 칠 수 있죠!"

필자는 다시 몸을 힘껏 상하로 움직이면서 시범을 보인다. 실제로 시범을 보이면 대부분은 납득한다.

가장 좋지 않은 자세는 무릎에 체중을 싣지 않은 채 상체를 펴면서 다운 스윙을 하는 것이다. 이렇게 하면 클럽은 오버 스윙 상태가 되어 백 스윙에서 발생되는 파워는 축적되지 않은 채 클럽을 내리친다. 그렇기 때문에 임팩트 시에 헤드 스피드는 상승하지 않으며 클럽 헤드를 정면(스퀘어)으로 공을 칠 수 없다. 또한 공은 날아가지 않는다. 말하자면 악순환의 연속이다.

"그렇구나! 백 스윙에서는 오른다리로 쭈그려 앉을 정도의 의식으로 체중을 실어야 하는군요!"

"맞아요! 이것으로 무릎에 체중을 실은 O각 스윙이 '운동의 이치'에 맞는다는 것을 알 수 있겠죠?"

오른발에 정확히 체중을 싣는다. 그렇게 함으로써 여러

분의 백 스윙은 '언제 나에게 이러한 파워가 있었나' 하고
의심할 정도의 놀라운 파워에 휩싸이면서 매끈한 스윙 아
크로 바뀐다.

손이 아닌 허리를 이용하여 빨리 친다

허리를 고속 회전시키면 몸 전체의 떨림이 사라진다

"빨리 치는 것은 좋지 않다는 말을 자주 들었는데요?"

"그래요. 그러나 이 말은 와전(訛傳)되어 해석되고 있어요!"

"어째서 빨리 치기가 좋지 않죠?"

"미스 샷을 한 뒤 동행한 플레이어에게서 '방금 한 것은 빨리 치기였네' 라고 지적받는 일이 있지요?"

나도 '빨리 치기' 는 좋지 않다고 생각한다. 그러나 지금 강조하려는 것은 지금까지 알려진 빨리 치기와는 약간 다르다.

서둘러서 치는 것은 좋을 리 없다. 그렇다면 빨리 치기를 고치기 위해서 늦게 치는 것이 좋은가 하면 그렇지도 않

공을 날리기 위해서는 허리의 고속 회전이 열쇠

◑ 허리를 '크게 돌리는 것' 보다 '얼마나 빨리 돌리느냐'에 의해서
   비거리가 결정된다.

다. 왜냐하면 스윙에서 중요한 강약의 리듬이 깨지기 때문이다. 그렇다면 종전대로 빨리 치는 편이 낫다. 손을 이용한 빨리 치기는 바람직하지 않지만 허리를 이용한 빨리 치기는 바람직하다.

"허리를 이용해 빨리 치면 몸이 떨리지 않나요?"

몸의 떨림에 대해서도 오해하고 있는 사람이 많다. 이 책에서 설명하는 '허리를 이용한 빨리 치기'란 '허리의 고속 회전'인 것이다. 사실 몸의 축(軸)이 빨리 회전할수록 신체의 떨림을 억제할 수 있다.

유감스럽게도 이러한 설명을 해도 듣는 쪽에서는 좀처럼 이해하기 어렵다. 그럴 때 나는 이론보다는 증거를 보여준다. 즉 타이거 우즈의 동작을 통해 설명하는 것이다.

"우즈의 스윙을 잘 관찰해 보세요. 떨림이 없지요?"

"떨릴 틈도 없을 정도로 아주 빠르게 몸이 돌아가고 있어요!"

타이거 우즈의 떨림 없는 안정된 스윙은 몸, 결국 허리의 고속 회전에 그 비밀이 있다. 허리를 고속으로 회전시킴으로써 스윙에 의한 신체의 떨림이 발생하지 않는 것이다.

"타이거 우즈기 때문에 떨림이 없는 것 아닌가요?"

대부분 이렇게 반론한다. 그러나 그렇지 않다. 타이거 우즈기 때문이 아니라 허리를 고속 회전시키기 때문이다. 누구라도 허리를 고속 회전시키면 떨림은 발생하지 않는다. 허리를 정확하게 회전시키지 않기 때문에 떨림이 생기는 것이다.

"저 같은 정도의 체력으로도 떨림이 없게 할 수 있나요?"

"물론이죠!"

허리 회전을 억제하지 않는다

많은 분들이 경험했겠지만 헤드 스피드를 컨트롤하여 공을 곧바로 날려 보내는 것은 상당히 어렵다. 헤드 스피드를 컨트롤하려고 하면 꼭 양손을 사용하게 된다. 그로 인해 허리의 회전도 둔해진다. 손끝으로만 공을 컨트롤하는 것은 어느 정도 골프에 익숙해진 사람이라도 간단하게 할 수 있는 동작이 아니다.

짧은 거리의 어프로치 샷을 할 때 아무튼 초보자는 힘을 빼고 거리를 컨트롤하려고 한다. 그러나 대부분은 실패한다. 짧은 클럽으로 스윙 아크를 작게, 그리고 몸의 회전을 느슨하게 풀어 주지 않고 시원하게 내리쳐야 스윙을 계속 안정시킬 수 있는데 그렇게 하지 않는다.

가속 상태에서 공을 치려고 할 때 몸이 떨리지 않을까 염려하기 때문이다.

그러나 일단 움직이기 시작한 클럽에 제동을 걸려고 해서는 안 된다. 자동차 역시 급브레이크를 밟으면 차체가 심하게 좌우로 흔들린다.

분명히 빨리 치는 것은 바람직하지 않다. 그러나 허리의
회전을 억제하는 것은 더욱더 좋지 않다.

왼쪽 벽으로 입는 손해는 20야드

― 왼발에 체중을 정확히 실어라

왼발 한쪽에 체중을 싣는다

"선생님, 저는 연습장에서 레슨을 받을 때마다 레슨 선생님에게 지적을 받습니다. '왼쪽 벽이 없네요.' 하는 말을 많이 듣는데 어떻게 하면 왼쪽 벽을 만들 수 있지요?"

"아니, 만들 필요가 없어요!"

"……?"

'왼쪽 벽'을 정확히 만들라는 '지도'를 자주 듣게 된다. 다운 스윙부터 임팩트 시에 걸쳐 왼발을 버티도록 한다. 그러면 몸의 왼쪽에 벽이 만들어진다? 이러한 식으로 지도를 받았고 계속 그 지도 방법을 믿고 있는 사람도 많다.

'왼쪽 벽을 만드세요' 유감스럽지만 이것도 나쁜 '깁스' 가운데 하나다. 틀림없이 스윙의 정밀 사진 중에서 다운

스윙부터 임팩트 시에 걸친 1장의 사진을 보면 '왼쪽 벽'
이라고 하는 것이 만들어진 것처럼 생각된다. 그 사진을
보면 역시 왼쪽 벽이 있다고 착각하게 된다.

왼쪽 벽. 말하고자 하는 요지는 알고 있다. 분명히 초보
자들은 이해하기 쉬울 것이다. 그러나 알기 쉬운 만큼 반
대로 생각할 위험도 크다. 지도를 받는 사람의 입장에서는
왼쪽 벽을 '왼쪽 몸쪽을 멈추는 일'이라고 이해하기 때문
이다. 또한 지도하는 쪽도 왼쪽 몸쪽이 멈추면 "예, 아주
잘했어요!"라고 하면서 끝내 버리고 만다.

많은 프로 골퍼를 지도하는 프로인 데이비드 레드베터
(David Leadbetter)는 골프의 스윙을 '술통 속에서 자신의
몸이 회전하고 있다고 생각하라'고 표현한다. 그는 스윙을
한 장의 사진처럼 잘라 내어 가르치지 않는다. 그에게 있
어서 '왼쪽 벽'이라는 것은 도무지 이해하기 어려운 이론
일 것이다.

'왼쪽 벽'은 '왼발 한쪽에 체중을 싣는 것'이라고 바꾸
어 표현해야 한다. 몸 왼쪽에 벽을 만드는 것이 아니라 '왼
발에 정확히 체중을 싣는 것'이라고 설명한다면 이해하고
납득할 수 있다.

그러나 중급 이상의 사람 중에서도 '왼쪽 벽'을 단순히
발을 버티는 것이라고 생각하는 사람이 있다. '왼발 한쪽
에 체중을 싣는다.' 이것으로 설명은 충분하다. 기본적으
로 '벽'이라고 해석하는 것은 옳은 표현이 아니다. 기분까

지 단단하고 차갑게 느껴지지 않은가?

벽을 만들면 인사이드로 나갈 수 없다

골프의 스윙은 회전 운동이라는 것을 잘 생각할 필요가
있다. 그 회전 운동의 흐름 중에 벽이라는 형태와 정지 상
태가 만들어질 수 있을까?

움직임 속의 정지 상태는 약간 이상하지 않은가?

안타깝게도 '왼쪽 벽'을 충실하게 만드는 사람일수록 클
럽을 인사이드로 보낼 수 없으며, 클럽 페이스를 열어 둔
채로 임팩트하게 된다. 열어 둔 상태에서 클럽 페이스가
공에 부딪히기 때문에(부딪히다는 표현보다는 두드린다는 표
현이 더 적합하다) 공은 크게 슬라이스되어 버린다.

'왼쪽 벽'이란 표현은 잊어버리자. 레드베터가 설명하는
'술통 속에서 자신의 몸이 회전하고 있다'는 기분으로 마
음껏 몸을 회전시켜 본다.

타이거 우즈나 마루야마(丸山) 프로는 피니시에서 오른
쪽 어깨를 그린 위의 핀을 가리키는 정도로 돌리고 있다.
마음껏 몸을 회전시키기 때문에 그런 동작이 나오는 것이
다. 허리를 정지시키고 '왼쪽 벽' 따윈 만들지 않는다. 다
만 어깨를 부드럽게 돌리고 있다. 체형은 전혀 다르지만
두 선수는 장타자로 널리 알려져 있다. 요점은 체형이 아
니라 회전에 있는 것이다. 오히려 고속 회전하고 있던 허

리를 갑자기 정지시키면 허리에 부상이 올 염려가 크다. 타이거 우즈가 허리 부상을 당했다는 소리를 들은 적이 있는가.

또 '왼쪽 벽'을 만들면 타깃 라인을 따라 곧바로 클럽이 나가게 된다. 이 또한 자주 듣는 이야기다.

"나도 클럽은 전방으로 곧바로 내밀면서 스윙하도록 지도받았다."

"클럽을 곧바로 내미는 것은 절대로 불가능하다. 왜냐하면 스윙은 회전 운동이기 때문이다."

"선생님 말씀을 듣고 보니 분명히 불가능하네요!"

스윙이란 원(圓)운동인 것이다. 당연히 클럽 맨 끝에 위치한 클럽 페이스도 원의 궤적(軌跡)을 그리면서 돈다. 타깃 라인에 곧바로 클럽을 내민다는 것은 원의 궤적이 있는 통과 부분을 곧바로 만든다는 의미다. 그러나 불가능한 일이다.

예를 들어 퍼트에 있어서도 그 스윙은 원 운동이다. 분명히 눈으로 보면 직선 라인이지만 원 운동의 어느 한 점에서 확실히 공을 포착하고 있다. 퍼팅이라 할지라도 공의 전후 10cm를 곧바로 스윙한다는 것은 불가능하다.

언젠가 TV 토너먼트 중계에서 어떤 프로 선수의 우승 인터뷰를 들은 적이 있다. 그 선수는 "퍼팅이 회전 운동이라는 것을 안 다음부터 퍼트를 잘 칠 수 있게 되었다."고 말했다.

중요한 것은 몸을 확실하게 회전시키는 것이다. '왼쪽 벽'이란 표현은 잊어버리자. '왼쪽 벽은 잘못된 스윙의 근원'이라고 기억해 두자.

1
장

'머리를 움직이지 말라' 는 말은 시선을 공에서 떼지 말라는 뜻

시선만 공에서 벗어나지 않으면 된다

"선생님, 머리를 순간적이라도 움직이지 않는 사람의 동작 말이에요. 어쩐지 어색하지 않나요?"

"그렇게 생각할 수 있겠지요! 머리를 움직이지 마라, 이것도 공이 날아가지 않는 원인이라면 모두들 놀라겠지요. 그래도 머리를 움직이게 되면 클럽 페이스로 공을 정확하게 타격할 수 없지 않을까?"

그러한 경우는 없다. 공은 본래 움직여서 치는 것이다. 야구 투수도 머리를 움직이지 않으면 공을 던질 수 없다.

다만 시선을 공에서 떨어뜨려서는 안 된다. 시선이 공에서 벗어나지 않는 한 머리는 움직여도 괜찮다. 한번 직접 경험해 본 뒤 여러분들이 스스로 이해하길 바란다.

　사실 인간의 눈은 정밀하게 이루어져 있다. 머리를 움직이지 않기 때문에 헛스윙 없이 능숙하게 타격하는 것이 아니라, 시선이 공에서 벗어나지 않기 때문에 공을 칠 수 있는 것이다. 자기 '시선의 위력'을 믿기 바란다.

　머리의 위치를 고정하고 공을 치려고 해도 칠 수는 없다. 스탠스 범위 안에서라면 머리가 움직여도 상관없다는 의미가 아니라 스탠스 범위 밖으로까지 머리를 움직이려고 해도 움직일 수 없다는 뜻이다.

　그러나 스탠스를 넓게 설정하고 있는 사람은 이 경우에 해당하지 않는다. 스탠스가 넓어진 만큼 머리도 움직이게 된다.

　앞으로도 지적하겠지만 스탠스를 넓게 설정하면 다음과 같은 폐해가 있다.

　스탠스는 어디까지나 어깨 폭으로 설정한다. 어깨 폭 범위 안에서 머리가 움직이는 경우에는 아무런 폐해가 없다. 스윙하는 도중에 머리가 움직이는 것은 당연하다. 반대로 움직이기 때문에 공이 날아간다고 이해해도 상관은 없다.

　"머리가 움직이는 것이 당연해요?"

　"맞아요!"

　"그렇게 생각하면 어쩐지 머리의 움직임을 의식하지 않고 칠 수 있을 것 같아요!"

　"공은 머리로 치는 것이 아니니까요!"

　와인드 업(테이크 백)으로 인해 오른발로 체중이 이동해

간다. 오른발에 체중이 집중되면 몸 전체가 오른쪽으로 움직이는 것은 운동역학상 당연한 이치다. 몸이 오른쪽으로 움직이지 않는 것이 오히려 이상하다.

다만 시선이 공에서 벗어나지 않도록 한다. 다운 스윙 동작으로 들어가면 이번에는 왼발로 체중이 이동한다. 그러면 역시 몸 전체가 왼쪽으로 움직인다. 머리도 함께 움직인다. 다만 이 동작에서도 시선이 절대로 공에서 벗어나지 않도록 주의한다.

몸의 '축(軸)' 도 움직여야 한다

극단적으로 말하면 머리가 움직이면서 공을 쳐도 괜찮다. 와인드 업(테이트 백)부터 다운 스윙, 그리고 팔로 스루라고 하는 일련의 몸의 축을 중심으로 하는 원 운동 중에서 머리가 움직이는 것은 당연한 일이다. 몸의 축과 관계 없이 머리가 움직이는 일은 없다.

오히려 머리를 움직여서는 안 된다고 해서 고정시키는 것이 이상하다. 운동의 법칙에 어긋나는 일이다.

이것도 생각해 보면 어떨까? 머리가 움직일 정도의 와인드 업(테이크 백)시에는 오른발에 체중을 싣는다. 머리가 움직일 정도의 다운 스윙 시에는 왼발에 체중을 싣는다. 그 정도로 하지 않으면 공을 멀리 날려 보낼 수 있는 파워가 발생하지 않는다.

축에 대한 잘못된 생각도 공이 날아가지 않는 원인

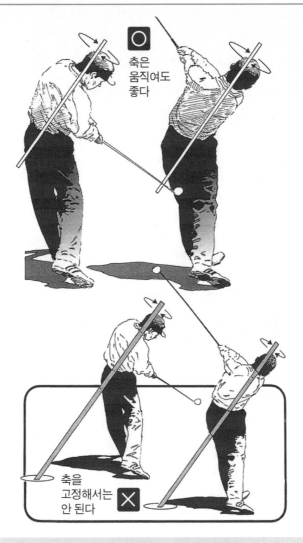

○ 축은 움직여도 좋다

✕ 축을 고정해서는 안 된다

⚡ '축'은 회전하면서 움직이는 것이 자연스럽다.
고정시키면 공은 날아가지 않는다.

　　지금까지 몸의 축에 대해서 이야기했다. 그러나 아직까지도 이 부분을 오해하고 있는 사람이 많다.

　　필자가 설명하는 몸의 축이란 지면에 꽂혀서 움직이지 않는 축을 가리키는 것이 아니다. 축이란 분명히 몸 중심에 있지만 고정된 것은 아니기 때문이다.

　　"고정하고 있는 것이 아닙니까?"

　　"고정 따위 하지 않아요. 흔히 몸의 축을 고정하고 회전시켜 보라고 지도하는 경우가 있는데 사실은 그 지도 방법이 잘못된 것이지요!"

　　나는 축을 고정하고 회전시켜 보라고 지도하지 않는다. 축은 회전하면서 움직여도 좋다. 당연히 축의 위쪽에 있는 머리도 움직이게 된다. 몸이 회전하고 있는 상태에서의 움직임은 자연스러운 것이다.

　　"그런 이치였습니까? 그렇다면 저도 이해할 수 있어요!"

　　"당신도 '머리를 움직이지 말라'는 잘못된 주문에서 벗어나게 되었나요? '시선이 공에서 벗어나지 않으면 머리는 움직여도 좋다'고 기억해 둡시다. 분명히 편안한 스윙을 할 수 있게 되어 공의 비거리에도 변화가 생길 것입니다."

모든 것을 스퀘어로?
그렇기 때문에 막혀 버린다

어깨만 30도 왼쪽으로! 이것이 진정한 스퀘어

어드레스를 했을 때 목표 라인에 몸 전체가 평행이 되도록 자세를 잡는다. 대부분의 사람은 그 지시를 충실히 지키며 아무 의문도 품지 않고 지금까지 해 왔을 것이다. 그래도 자신의 능력을 최대한으로 발휘하기 위해서는 이 경우에도 의문을 접어서는 안 된다.

퍼트 한 자루를 든다. 퍼트의 히팅 부분을 총의 개머리판으로, 그립 부분을 총신(銃身)으로 생각하고, 라이플(rifle) 사격을 하듯이 자세를 잡는다. 그리고 먼 곳에 있는 목표를 향해서 총신을 조준한다. 그 다음 조준한 채로 자신의 왼쪽 어깨 쪽으로 시선을 약간 돌린다.

그때 왼쪽 어깨는 목표에 대해서 스퀘어인가? 그런 경우는 있을 수 없다. 허리, 무릎, 발은 목표(타깃 라인)로 스퀘어가 되어 있지만 왼쪽 어깨만은 약간 열려 있다.

"아니, 왼쪽 어깨가 빠져서 상당히 자세가 오픈되어 있어요!"

"이 자세를 잘 기억해 둡시다!"

이것이 라이플 사격에 있어서 타깃에 대한 올바른 자세인 것이다. 골프도 이 올바른 자세를 배울 필요가 있다.

초보자들 중에서 공을 치면 슬라이스가 나는 사람이 많다는 것은, 더 정확히 말해 그들이 슬라이스를 좀처럼 극복할 수 없는 원인의 한 가지는, 타깃 라인에 대해 어깨가 평행을 이루도록 준비하고 있기 때문이다.

미국의 골프 레슨서에는 '타깃 라인에 대해서 어깨는 30도 왼쪽으로 돌린다'고 적혀 있다. 나 또한 타깃 라인에 대해서 어깨를 30도 왼쪽으로 돌리는 자세를 취한다. 그러면 대부분의 사람은 필자의 스탠스를 보고 이렇게 말한다.

"상당히 오픈되었군요!"

"예, 이 자세가 스퀘어죠!"

아무리 이야기해도 그들은 좀처럼 납득하지 못한다. 당연한 일이다. 우리가 이해하고 있는 스퀘어란 타깃 라인에 대해서 발도 어깨도 평행한 것을 지칭하기 때문이다. 그러나 미국에서는 오픈이 스퀘어인 것이다.

어깨만 30도 열리는 것이 스윙 스퀘어

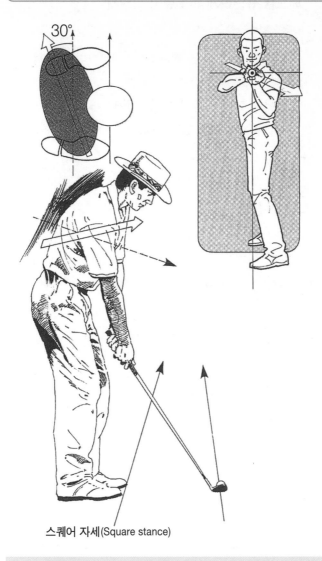

30°

스퀘어 자세(Square stance)

◎ 라이플 총을 조준한 듯이 어깨만 30도 왼쪽으로 열리는 자세로 클럽 헤드의 '빠짐' 이 변한다.

헤드를 유연하게 휘두르기 위해서

"어째서 미국에서는 타깃 라인에 대해서 어깨를 30도 왼쪽으로 돌리는 자세를 취할까요?"

여기에도 역시 이유가 있다. 어깨를 30도 왼쪽으로 돌리는 것이 우리들 몸의 회전 운동과 스윙의 원 운동을 보다 유연하게 해 주기 때문이다.

임팩트 후의 클럽 헤드는 원 운동의 궤도를 따라 왼쪽으로 빠져나간다. 클럽 헤드를 왼쪽으로 무리 없이 빼기 위해서는 어떻게 하면 좋을까. 어깨가 약간 열리는 기분으로 해 둔다. 어깨를 30도 왼쪽으로 돌리는 것은 어깨가 약간 열리는 기분을 만들어 주기 위해서라고 이해하면 된다.

타깃 라인에 대해서 어깨를 30도 왼쪽으로 돌린다는 것은 결코 초보자의 슬라이스 교정을 위한 것이 아니다. 미국의 NGF(전국 골프 재단)의 게리 와이렌(Gary Wiren: PGA 마스터 프로이자 골프 심리학자)의 골프 이론에 의하면 이 원칙은 중급자뿐만 아니라 상급자에게도 통용된다. 그 증거로서 타이거 우즈나 저스틴 레너드(Justin Leanard) 등 최근의 톱 프로의 어드레스를 보더라도 어깨가 약간 왼쪽으로 향해 있는 것을 알 수 있다.

"이론적으로는 알겠는데요, 그럼 어깨와 발은 구체적으로 어떤 자세를 취해야 하죠?"

"예상했던 질문을 하셨군요!"

스퀘어에 관한 미국의 지도서

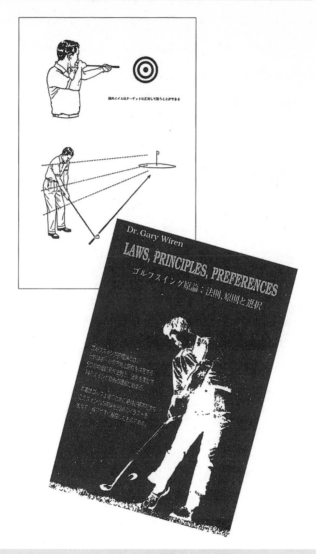

○ 《Dr. Gary Wiren/LAWS, PRINCIPLES, PREFERENCES》
(International Golf Reserch Institute 1993)

어깨를 왼쪽으로 30도 돌리는 사람도 있다. 어깨를 왼쪽으로 향하고 그것에 맞춰서 왼발을 5cm 정도 끌어당기든지 아니면 오픈 자세를 취한다. 이것과는 반대로 먼저 발의 위치를 세트한 다음 어깨를 열어도 상관없다. 자신에게 맞는 방법을 선택하기 바란다. 그렇게 함으로서 어깨가 잘 돌아가게 되어 결과적으로 헤드도 유연하게 빠져나가게 된다.

모든 것은 허리(몸)가 고속 회전을 하기 때문에 헤드 스피드를 올리기 위한 준비와 움직임이다.

티 그라운드에서나 페어웨이에서나 어드레스의 경우는 타깃에 대해서 라이플 총을 조준하는 것과 같은 '서는 동작'을 잊어서는 안 된다.

'효과적인 운동의 법칙'은 골프에도 적용된다

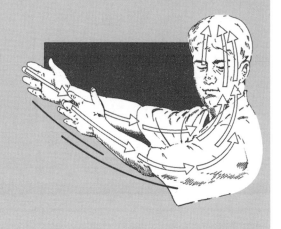

| 효과적인 운동의 법칙 1 |

불안정 요소로 가득 차 있다

― 몸이 안정되어 있으면 공은 날아가지 않는다

불안정한 상태에서 강력한 파워가 생겨난다

"볼을 멀리 날리기 위해서는 우선 몸을 '불안정' 한 상태로 만드는 것이 중요하다."

이렇게 설명하면 대체로 다음과 같은 반응을 보인다.

"선생님, 불안정이 아니라 '안정' 이 아닙니까?"

단지 골프에 국한된 것이 아니라 모든 운동은 몸을 불안정 요소로 만든다. 그러므로 이 말은 틀린 말이 아니다. '불안정' 한 상태가 맞다. 몸을 '불안정' 한 상태로 만들면 골프에서도 비거리를 극대화할 수 있다.

가장 단순한 운동 형태인 걷는 동작을 예로 들면 알기 쉬울 것이다.

우리들은 걸을 때 발을 오른쪽 왼쪽 교대로 내딛는다. 오

불안정 요소를 살린다

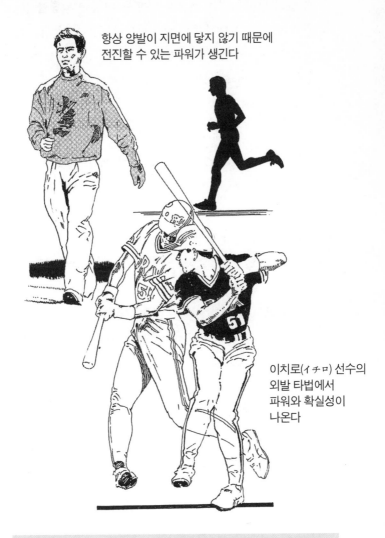

항상 양발이 지면에 닿지 않기 때문에
전진할 수 있는 파워가 생긴다

이치로(イチロ) 선수의
외발 타법에서
파워와 확실성이
나온다

● 몸을 '불안정' 상태로 만들면 골프에서도 비거리를 더욱 극대화할
수 있다.

른발을 앞으로 내밀고 체중을 옮겨 오른발에 체중이 완전히 실리면 다음으로 왼발을 앞으로 내밀어 체중을 옮긴다. 반복되는 순간을 자세히 관찰하면 한 발은 언제나 불안정한 상태다. 결코 양발에 동일하게 체중이 실리지 않는다. 즉 불안정 요소의 연속이 보행을 만드는 것이다.

어째서 일부러 몸을 불안정한 상태로 만들까?

불안정한 상태가 되면 몸에 반동 동작이 생긴다. 예를 들면 야구에서 볼을 던질 때 우선 팔을 뒤로 당기는—크게 휘두르는—동작이 있다. 당연할지도 모르지만 이것은 결국 고도의 계산된 작업이다. 어린이에게 공을 던지게 하면 정해 놓은 위치보다 앞에 떨어진다. 이때 '반동 동작'을 이용하여 멀리 던질 수 있다는 것을 가르쳐 주면 점점 지혜가 생겨 멀리 던질 수 있게 된다.

프로 야구 이치로 선수의 외발 타법은 어떤 의미에서는 극도로 불안정하다. 그런데 그 불안정 요소가 스윙에서 비롯된 '반동 동작'과 그 왜소한 몸에서 뿜어져 나오는 파워, 그리고 정확한 안타의 근원이다.

일찍이 왕정치(王貞治) 선수가 홈런을 대량 칠 수 있었던 것도 외발 타법이라는 불안정한 자세를 타석에서 자신만의 독특한 타법으로 만들었기 때문이다.

"골프도 마찬가지죠?"

"맞아요. 골프도 훌륭한 운동이니까요."

예를 들어 어드레스인 경우 양발을 단단히 딛고 몸을 안

'반동 동작'을 활용한다

팔을 뒤로 당기기 때문에
볼을 멀리 던질 수 있다

⊙ 팔이 최고 정점(頂点)에 도달하기 직전에 허리는 회전하기 시작한
다. 이것이 비거리를 극대화하기 위한 '반동 동작'.

정시킨 다음 그대로 클럽을 스윙해 보자. 무릎이 고정되어 있기 때문에 허리를 돌릴 수 없고 체중 이동도 불가능해져 결국 몸에 파워를 저장할 수 없다.

골프에서 비거리를 극대화하는 요인은 허리의 고속 회전을 위한 몸 비틀기와 그것에 따른 체중 이동에 있다. 결국 몸을 불안정 요소로 만들지 못하면 그러한 작용이 전혀 이루어지지 않아서 비거리를 극대화할 수 없다.

그렇다면 어떻게 해야 '불안정'한 상태가 될까?

대답은 간단하다.

스탠스를 적어도 어깨 넓이까지 좁힌다. 특히 살이 찐 체형의 사람은 반드시 스탠스를 좁혀야 하는데 무의식중에 스탠스를 넓히고 만다. 이런 사람들은 그 자세가 안정되어 편안한 스윙을 할 수 있다고 생각하지만 결과는 정반대로 나타난다. 원래 몸을 회전시키기 어려운 체형인데다가 스탠스를 넓힘으로써 체중 이동이 자연스럽게 이루어지지 않으므로 허리까지도 회전하기 어렵게 된다.

스탠스를 지나치게 넓히지 않으면 허리 돌리기가 쉬워져 당연히 몸이 불안정해진다.

스윙도 '관성의 법칙'을 따른다

'관성의 법칙'이란 정지하고 있는 물체는 언제까지나 계속해서 정지하려 하고, 움직이고 있는 물체는 진행 방향으로 계속해서 움직이려 하는 것이다.

정지하고 있는 물체가 움직이려면 에너지를 필요로 한
다. 흔히 노인들은 몸을 일으킬 때 '으이차!' 하면서 상당
히 힘든 모습으로 일어선다. 그러나 일단 일어서면 의외로
경쾌한 걸음으로 걷기 시작한다. 일단 움직이기 시작하면
관성의 법칙이 작용하여 그다지 많은 에너지가 필요하지
않게 된다.

골프 스윙도 마찬가지다.

스윙이 시작되면 더이상의 에너지를 필요로 하지 않는
다. 반대로 불필요한 힘이 가해지면 몸이 굳어져 파워의
전달을 방해하므로 공이 날아가지 않는다.

일단 불안정 요소가 만들어지면 상반되는 동작의 마찰과
관성의 법칙에 의해 공은 부드럽게 날아간다.

| 효과적인 운동의 법칙 2 |

운동에는 회로가 있다

― 채찍질하듯 팔을 휘두르면 공은 날아간다

바깥으로 전달되는 '운동 회로' 만드는 법

'공을 아주 많이 쳐서 스윙의 요령을 근육에 기억시킨다' 는 마음으로 손에 물집이 생길 정도로 열심히 연습하는 사람을 볼 수 있다. 그런 분들에게 한 말씀 드리고 싶다.

근육에는 기억 장치가 없어서 아무리 많은 연습을 해도 기억하지 못하고 그저 지칠 뿐이다.

이론적인 이야기지만 인체의 메커니즘에 대해 반복해서 설명하겠다. 왜냐하면 메커니즘을 따르면 능숙한 스윙을 이용하여 쉽게 비거리를 향상시킬 수 있기 때문이다.

우리들이 어떤 동작을 취할 때 운동 명령은 대뇌(大腦)에서 내린다. 그 명령 내용은 선천적으로 대뇌에 기억되어 있던 것이 아니라 우리들 자신이 대뇌에 기억시켜 두었던 것이다.

기억되지 않은 명령은 동작으로 재현할 수 없으며, 대뇌에 어떤 동작을 기억시키기 위해서는 '운동 회로' 라는 것을 만들 필요가 있다.

"운동 회로란 무엇입니까?"

간단히 말하면 우리들 몸에서 형성되는 일련의 동작이다. 우리들의 동작은 말초 신경부터 중추 신경을 거쳐 소뇌, 대뇌로 전해져 기억된다.

"운동 회로가 뇌에 정확히 전달되어야겠군요!"

"맞아요!"

"누구의 몸에서도 저절로 전달되지 않나요?"

"그런데 평상시에 전달되는 것을 일부러 전달되지 않도록 하는 사람이 있죠!"

"어째서 정확히 전달되지 않나요?"

"이치에 맞지 않게 몸을 움직이기 때문이죠!"

예를 들면 자주 쓰는 오른팔이 아닌 왼팔로 그립을 꽉 쥔다. 힘껏 쥐게 되면 팔꿈치와 관절의 움직임이 굳어져 스윙 시 팔이 나무토막처럼 딱딱하게 움직이게 된다. 골프가 서투른 사람일수록 깁스로 고정시킨 듯한 상태에서 팔 끝부터 움직이기 시작한다. 이러면 좋은 운동 회로를 만들 수 없다.

한편 상급자는 몸의 중심축부터 회전을 시작한다. 그 회전은 밖으로 전달되어 팔이 끌어 올려진다. 그리고 최고 정점에서 움직임의 방향을 전환하여 다시 몸의 축을 회전시키면서 다운 스윙으로 이어진다. 이때 허리의 회전 속도는 최대가 되어 팔이 몸에 감기듯이 채찍과 같이 내리친다. 이것이 좋은 운동 회로다.

'샤프트의 휘어짐을 느끼면서 치게 하는' 레슨 방법도 있다. 물론 샤프트도 중요하지만 그전에 팔이 부드럽게 움직여야 한다.

팔이 채찍처럼 부드럽게 움직이게 하기 위해서는 불필요한 힘이 들어가지 않도록 해야 한다. 그렇지 않으면 힘이 들어가 팔이 막대기처럼 되어 버린다.

"과연! 이제야 조금씩 이해되기 시작했어요."

대뇌에서 명령을 내리면 기억된 운동 회로가 일정한 동작으로 재현되어 우리는 기술을 터득할 수 있다.

따라서 연습이라도 한 타 한 타 소홀히 해서는 안 되며, 대뇌에 확실하게 기억시킬 목적으로 스윙해야 한다. 그러기 위해서는 언제나 팔을 채찍처럼 휘둘러야 한다는 점을 명심해야 한다. 그리고 그립과 팔꿈치에 불필요한 힘을 주지 말아야 한다. 바꾸어 말하면 몸의 회전력을 부드럽게 클럽 헤드로 전달하도록 한다.

운동 회로를 보다 잘 완성시키기 위해서는 릴랙제이션도 중요하다. 그것에 대해서는 3장에서 설명하겠다. 여기에서는 좋은 '운동 회로'가 완성되면 공은 보다 멀고 정확하게 날아간다는 사실을 명심해 두자.

'운동 회로' 를 활용한다

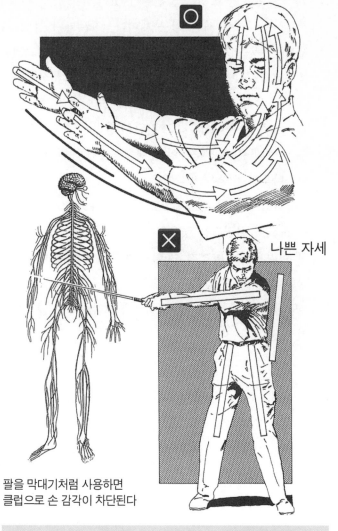

나쁜 자세

팔을 막대기처럼 사용하면
클럽으로 손 감각이 차단된다

● 팔을 채찍처럼 사용하면 대뇌로 '운동 회로' 가 연결된다.

　　그리고 '운동 회로'의 법칙을 정확히 알면 많은 골퍼들의 잘못된 운동 방법을 발견할 수 있다.

　　그것은 '자세 개선'의 문제이다. 지금까지 설명했듯이 자세는 '운동 회로'에 확실하게 기억되어 있다. 그것을 처음부터 다시 만드는 작업은 인체 메커니즘상 상당한 노력과 시간을 필요로 하는 부담이 되는 일이다. 흔히 "지금 자세를 고치는 중이야!"라고 간단히 말하는 골퍼들을 발견할 수 있는데 운동 전문가의 눈에는 '이거 대단한 일을 시작했구나!'라는 딱한 생각이 든다.

　　현재의 자세를 본격적으로 '개선'하려고 마음먹었다면 긴 시간이 걸린다는 것을 각오해야 한다. 어쨌든 '부분 수정'이라도 '운동 법칙'에 따르게 된다면 한층 비거리의 극대화를 꾀할 수 있다.

　　당신의 '운동 회로'를 중요하게 생각하면서 골프를 즐기기 바란다.

| 효과적인 운동의 법칙 3 |

힘은 전동(傳動)한다
― 팔의 힘을 빼면 최대의 파워가 전해진다

몸 전체의 파워를 부드럽게 클럽 헤드로 전달하려면

반복되는 설명이지만 골프는 기본적으로 공을 보다 멀리 날려 보내는 스포츠다.

공을 보다 멀리 날려 보내기 위해서는 우선 효과적인 힘의 사용 방법을 알아둘 필요가 있다. 남은 파워를 또는 적은 파워를 한데 모아 힘껏 휘두른다고 반드시 공이 멀리 날아가는 것은 아니다. 그것은 필자가 많은 플레이어를 관찰하고 실제로 느낀 점이다.

비거리를 극대화할 수 있는 요소는 어디에 있을까? 한마디로 말하면 클럽 헤드에 최대의 스피드를 싣는 일 외에 아무것도 없다.

나는 준텐도(順天堂) 대학의 배구 팀 감독을 맡고 있는 한

편 체육 수업을 통해 골프를 가르치고 있다. 대학 배구 팀 감독이 골프를 가르친다고 하면 골프에 관한 나만의 기술과 지식, 경험이 있지 않을까 상상하게 될 것이다. 그러나 나는 '운동'에 대해서는 전문가지만 골프에 관해서는 수업을 담당할 때까지 클럽을 쥔 경험조차 없었다.

꽤 오래 전의 일이다. 나는 갑자기 대학측으로부터 4월부터 골프 수업을 담당하라는 지시를 받았다. 클럽을 쥐어본 적도 없는 사람에게 "2개월이나 준비 기간이 있으면 충분하지 않는가!"라는 학교 당국의 지시는 지금 회상해 보면 정말로 우스운 이야기이다.

당시 나는 30세를 막 넘기고 있었다. 아무리 체육 강사라 해도 전혀 경험이 없는 상태에서 단지 학생들을 가르치기 위해 짧은 기간 동안 골프를 습득해야 한다는 중압감이 컸다. 그렇지만 할 수밖에 없었다.

즉시 가까운 연습장으로 갔으나 연습 공을 어떻게 준비해야 하는지도 몰랐다. 그 연습장의 사이토(齋藤)라는 60세 가량의 레슨 프로에게 7번 아이언을 치는 방법부터 배우기 시작했다. 처음에는 9번이나 5번 정도의 거리밖에 날아가지 않았다. 그 뒤 4월에 풀세트 클럽을 구입한 후 처음으로 코스에 나갔다. 스코어는 145(72 · 73).

"카와이(川슴)는 멋진 자세를 갖고 있는데도 어째서 공이 날아가지 않지?"라고 하던 경기 동료의 말이 아직까지 잊혀지지 않는다.

그런 상황에서 시작한 골프지만 사이토 레슨 프로는 아무것도 모르는 필자에게 정말 심플하게 골프를 가르쳐 주었다. 예를 들면 그는 몸의 회전을 가르칠 때 "어깨를 힘있게 돌려 봐요."라고 지도하지 않았다.

"어깨를 90도 비틀면 허리는 45도 비틀 수 있어요!"

단지 이 말씀뿐이었다.

"어깨가 잘 돌아가지 않으면 허리부터 돌려도 상관없어요. 허리를 45도 비틀면 어깨는 90도 돌아가요. 자기가 좋아하는 방법으로 해도 괜찮아요!"

그 뒤로는 허리 회전을 의식하면서 연습했다. 허리를 능숙하게 회전시킬 수 있게 된 이후 갑자기 비거리가 크게 늘어났다.

레슨을 받고 나서 3개월이 지났을 무렵이라 기억된다. 갑자기 깨달음이 왔다.

'그래, 공은 몸의 회전에 의해 날아가는구나!'

공이 날아가는 비결을 실감하게 되자 비로소 골프가 아주 재미있게 느껴지기 시작했다. 그리고 6개월 뒤 핸디 30을 받은 경기 대회에서 91(43 · 48)로 경기를 마쳐 우승을 했다.

골프의 경우 스윙 파워의 원천은 우리 몸의 중심 축에 잠재한다. 이 중심선을 가능한 한 빠르게 회전시키면 그 회전력이 팔에 전달되고 이어서 클럽 헤드로 전해진다.

요점은 회전력을 어떻게 부드럽게 클럽 헤드로 전달하는

가에 있다. 이것을 '힘의 전동성(傳動性)'이라 한다.

몸의 회전력이 클럽 헤드로 부드럽게 전달되어 정확히 스위트 스폿에 도달하면 공은 신기할 정도로 튕겨 날아간다. 만약 당신이 친 공이 튕겨 날아가지 않으면 그것은 몸의 회전력이 정확히 헤드에 전달되지 않고 어딘가에서 로스(loss)가 생겼기 때문이다.

몸의 축에서 발생한 회전력은 몸의 바깥쪽을 향해서 전달된다. 우선 팔에 전달되고, 팔에서 샤프트, 샤프트에서 헤드로 전달된다. 앞에서 설명했듯이 채찍이 휘는 것처럼 전달되어야 한다.

맞히기 위한, 맞추기 위한 폐해

"설명을 듣고 보니 타이거 우즈의 스윙은 회전한 몸을 팔이 채찍과 같이 휘감고 있는 듯한 느낌이 들어요!"

최근에 스코어 100을 넘었다고 좋아하는 30대 남성의 말이다. 100을 깨면 골프의 재미를 점점 크게 느낄 수 있다.

"그래. 아주 잘 관찰했군!"

"그래도 전 전혀 흉내 낼 수 없어요"

필자는 즉시 그의 타법을 관찰했다.

"클럽 헤드를 공에 맞히러 가고 있군!"

"어, 공에 맞히러 가면 안 되나요?"

"안 되지."

"그럴 수가……."

100을 깬 것도 잠시, 그는 다시 걱정을 하기 시작했다.

그래서 필자는 클럽의 바람을 가르는 듯한 소리가 임팩트 후에 들리도록 그에게 연습 스윙을 시범해 보였다.

"자네의 바람을 가르는 듯한 소리는 임팩트 직전, 나의 소리는 임팩트 후. 서로의 차이를 알 수 있겠나?"

'휙 하고 바람을 가르는 듯한 소리가 어느 위치에서 들리는가?' 이것은 스윙 레벨을 점검하기에 매우 좋은 지표가 된다. 이제야 그도 이해하게 된 듯하다.

"선생님과 저의 바람을 가르는 듯한 소리의 포인트가 완전히 다르다는 것은 알겠습니다. 어떻게 하면 선생님과 같은 스윙을 할 수 있을까요?"

"아주 간단하지. 1대 2의 스윙을 명심하면 되지. 항상 전반 1대 후반 2의 스윙을 의식하면 팔로우가 크게 확보되어 어디에서 힘이 최대가 되어야 하는가를 저절로 알 수 있게 된다네. 1대 2의 스윙을 함으로써 스윙이란 팔로우를 향한 큰 원운동이라는 것을 알게 되지."

많은 골퍼는 흔히 스윙 시 각각의 국면(형태)에 너무 집착하여 몸을 채찍과 같이 사용하는 방법을 잊는다. 안전성을 먼저 생각한 나머지 깁스로 고정된 듯한 자세로 스윙을 하여 비거리의 극대화를 꾀하지 못하게 되는 것이다.

앞에서도 설명했듯이 공에 클럽 페이스를 맞히는 스윙이 된다면 아무리 해도 클럽을 내리치는 것을 조심하게 된다.

이제 즐거운 골프에서 '조심' 따윈 필요 없다.

크게 내리치지 못하면 최대 가속점을 임팩트 후로 옮기는 것은 도저히 불가능하다. 마음껏 휘둘러 내리친다. 그것을 가능케 하는 것이 1대 2의 스윙이다.

강아지의 꼬리로 배우자

"결국 스윙이란 강아지가 꼬리를 흔드는 것과 같은 원리다."

이 말은 메이저 타이틀을 몇 번씩이나 차지한 닉 프라이스(Nick Price) 프로의 말이다.

프로의 말이 반드시 다 옳지는 않지만 이 말을 처음 들었을 때 필자도 뭐라고 표현할 수 없을 정도로 스윙에 아주 잘 어울리는 표현이라고 감탄했다.

평상시 강아지는 꼬리를 축 늘어뜨린다. 그러나 뭔가 즐거운 일, 예를 들면 주인이 먹이를 갖고 오면 멍멍 짖으면서 꼬리를 크게 흔든다. 보고 있으면 기분이 좋아질 정도로 좌우로 흔든다. 이때 자세히 강아지를 관찰해 보면 꼬리의 움직임에 비해서 엉덩이는 거의 움직이지 않음을 알수 있다. 그런데도 꼬리는 아주 많이 흔들린다. 이것이 힘의 올바른 전동(傳動)이다.

꼬리의 헤드 스피드를 측정한 적은 없으나 왜 그렇게 흔드는 것일까. 그 이유는 강아지는 엉덩이와 꼬리 모두 긴

비거리 극대화를 위한 운동 메커니즘④
힘의 전동성을 활용한다

◉ 크고 힘차게 흔드는 강아지 꼬리와 같이 몸 중심에서 나오는 힘을
앞쪽으로 정확히 전달하면 공도 멀리 날아간다.

장을 풀고 쉬기 때문이다. 긴장을 풀고 있기 때문에 맨 끝에 위치한 꼬리가 부드럽게 흔들리는 것이다.

우리가 배워야 할 점은 강아지 꼬리의 움직임이다.

강아지 꼬리와 우리들의 팔은 어떠한 차이가 있는 것일까. 가장 큰 차이점은 우리들의 팔에는 팔꿈치라는 관절이 있다. 그러나 강아지의 꼬리에는 그 관절이 없다는 것이다. 그렇다면 우리들의 팔이 강아지의 꼬리를 닮기 위해서는 어떻게 하면 될까.

그것은 간단하다. 팔꿈치 관절에 불필요한 힘을 가하지 않으면 팔은 하나의 채찍과 같이 탄력 있게 휘어진다.

'강아지 꼬리' 에는 골프를 잘할 수 있게 하는 법칙이 한 가지 더 숨겨져 있다.

그것은 '경제성' 이다.

'골프 책으로 어떻게 경제를 배우지?' 라고 의아하게 생각할 수 있을 것이다. 그러나 어떤 운동이 좋은지 아닌지를 판단할 때 체육 전문가들은 '그 운동에 경제성이 갖추어져 있는가 없는가?' 를 기준으로 한다.

이는 작은 움직임으로 얼마만큼 큰 결과를 만들어 내는가에 달려 있다.

예를 들어 육상의 해머 던지기 선수는 그 작은 테두리 안에서 도움닫기도 없이 철구(鐵球)를 몇십 미터 밖으로 날려 보낸다. 틀림없이 '운동에 경제성이 있다' 는 증거다.

강아지 꼬리도 운동의 한 종목으로 가정해 보면 상당히

운동의 경제성을 높인다

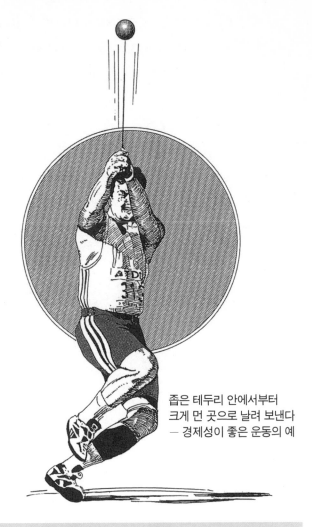

좁은 테두리 안에서부터
크게 먼 곳으로 날려 보낸다
― 경제성이 좋은 운동의 예

◐ 골프도 작은 움직임(스윙)으로 큰 결과(비거리)를 낳는 경제성이 필
요하다.

'경제성'이 좋은 움직임이다.

골프도 경제성이 좋은 움직임을 필요로 한다. 경제성이 높은 합리적인 운동은 움직임에 군더더기가 없어 자연스럽게 흘러가듯 아름답다. 그래서 일반인들의 눈에도 세계적인 일류 스포츠 선수들의 움직임이 아름답게 느껴지는 것이다.

다시 한번 정리해 보자.

여러분들 몸의 축에서 발생한 파워를 '경제성'을 살려 클럽 헤드로 전달하여 공의 비거리를 향상시키기 위해서는 팔의 힘을 빼야 한다. '힘의 전동(傳動)'에 불필요한 힘은 필요하지 않다.

| 효과적인 운동의 법칙 4 |

운동의 유동성

— 공은 흐름 중에 포착하면 멀리 날아간다

스윙에는 '준비', '주요', '종말' 의 3가지 국면이 있다

약간 어려운 이야기를 하겠다.

어떠한 스포츠든 운동의 경제성은 운동 형태학적으로 '준비 국면(準備局面)', '주요 국면(主要局面)' 그리고 '종말 국면(終末局面)' 의 3가지 측면에서 볼 필요가 있다.

골프도 마찬가지다. 나는 학생들의 골프를 관찰할 때 이 3가지 '국면' 을 점검한다.

'준비 국면' 이란 어드레스부터 백 스윙까지, '주요 국면' 이란 클럽의 최고 정점부터 임팩트 시까지, '종말 국면' 이란 임팩트 때부터 팔로우 드로까지로 각각 움직임의 국면을 가리킨다.

이들 3가지 국면은 각각 고유의 움직임을 하고 있다. 그러나 각각의 움직임을 하나하나의 정밀 사진처럼 꺼내서 논하는 것은 별로 의미가 없다. 반대로 오해를 불러일으킬 여지가 있다.

예를 들어 그립을 하나의 독립된 것으로 간주하면 이상하게 되어 버린다. 어디까지나 몸의 회전에 의해서 생기는 곳은, 팔의 맨 앞쪽의 움직임이라고 생각해야 한다.

"그립만을 하나의 독립된 것으로 간주하면 이상하게 되어 버린다는 것은 어떤 의미죠?"

"스윙이란 우선 몸의 중심 축이 회전하고 거기서 발생하는 원 운동이 외부로 전달되는 것입니다. 여기까진 이해가 됩니까?"

"예, 이해됩니다."

"회전 운동은 그립으로 전달된 뒤에 정지되는 일 없이 최종적으로는 클럽 헤드로 전달되죠."

"결국 그립은 원 운동을 클럽 헤드로 전달하는 하나의 통과점에 지나지 않죠. 그렇게 이해하면 반대로 그립의 중요함을 알게 됩니다."

"그립을 스윙 전체의 움직임 안에서 받아들이는 거죠!"

"그래요."

그립뿐만 아니라 스탠스, 체중 이동, 와인드 업(테이크 백), 헤드의 최고 정점 위치와 모든 신체의 원 운동을 관련시켜 연구하면 각각의 본연의 역할과 형태를 잘 이해할 수 있을 것이다.

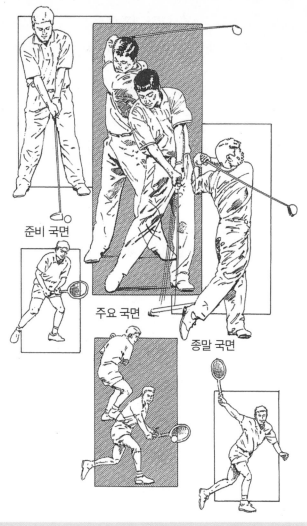

비거리 극대화를 위한 운동 메커니즘⑥
3가지 운동 국면을 확인한다

준비 국면

주요 국면

종말 국면

◎ 공을 날려 보낼 수 있는가 없는가는 이 3가지 국면을 점검해 흐름
안에서 공을 포착할 수 있는가에 따라 결정된다.

"선생님, 지당하신 말씀이십니다. 그러면 그립은 어떻게 쥐면 좋을까요?"

많은 골퍼들은 아무래도 그립에 집착하는 경향이 있다.

"클럽이 손에서 떨어지지 않을 정도로 가볍게 쥐면 되요."

"예? 그렇게 가볍게……."

다시 말하면 힘이 들어가지 않도록 쥐는 것이다. 반복되는 이야기지만 힘을 넣으면 깁스 상태가 되어 본래의 움직임을 방해한다. 그립의 경우에는 손바닥 안의 작은 새를 쥐어 으스러뜨리지 않을 정도로 쥔다. 말로만 생각하지 말고 정말로 작은 새가 들어 있는 것처럼 생각해 보자. 거의 '클럽에 손을 가볍게 대는' 정도다. 그립 앤드로 갈수록 샤프트의 지름이 커지기 때문에 아무리 가볍게 쥐어도 손에서 떨어지는 경우는 없다.

임팩트에 관한 큰 착각

스윙에는 3가지 국면이 있는데 몸 중심축의 회전과 관련시켜 생각해야 한다는 것은 이미 이해했다고 본다.

몸의 중심축과 관련하여 다음의 두 가지를 꼭 머릿속에 넣어 두어야 한다. 첫 번째, 앞에서 이야기했던 대로 허리를 45도 또는 어깨를 90도로 정확히 돌려야 하며, 두 번째, 오른발로 정확히 체중 이동을 해야 한다.

이 두 가지를 확실히 해 두면 '준비 국면' 은 문제가 없으며, 그 결과 백 스윙에서의 가장 큰 폐해인 클럽 헤드의 최고 정점의 위치가 귀보다 뒤로 지나쳐 버리는 이른 바 오버 스윙도 발생하지 않는다.

골프를 배우는 사람들이 몸을 정확히 회전시키지도 않고 오른발에 확실히 체중 이동도 하지 않은 채 단지 '클럽 헤드의 최고 정점은 이 정도 위치에서 정지하자!' 라는 식의 지도법만 암기하는 어리석음은 되풀이해서는 안 된다.

왼발에 체중이 실린 상태에서 클럽은 언제까지나 움직인다. 클럽 헤드의 최고 정점은 '여기에서 정지시킨다!' 는 뜻이 아니라 오른발에 체중이 실리고 허리와 어깨를 정확히 회전시킴으로써 '자연적으로 정지한다!' 는 뜻이다.

시작이 좋으면 결과도 좋다. '준비 국면' 이 확실하게 이루어져 있으면 다음 단계인 '주요 국면' 과 '종말 국면' 은 저절로 좋아진다.

'주요 국면' 에서 최대의 포인트인 임팩트의 경우도 마찬가지다. 임팩트라 할지라도 원 운동의 과정에서 보면 하나의 통과점에 지나지 않는다. 중요한 것은 흐름 안에서 임팩트를 맞이하고 공을 포착하는 것이다. 프로 골퍼들의 연속 사진 속에서 임팩트 순간을 보고 그 순간을 흉내 내려고 하는 것이 얼마나 헛수고인지도 알았을 것이다.

| 효과적인 운동의 법칙 5 |

각속도를 높인다

― 허리를 고속 회전시키면 비거리는 극대화된다

허리를 고속으로 회전시킨다

얼마 전 스코어 100을 깬 그 남자가 이런 질문을 했다.

"선생님, 비거리를 극대화할 수 있는 요령을 가르쳐 주세요!"

골퍼들은 항상 욕심쟁이다. 그러나 배우는 사람의 자세로는 매우 바람직하다.

"운동학적으로 몸이 회전하는 '각속도'를 높이면 됩니다."

이렇게 설명하자면 그는 갑자기 고개를 저으며

"뭐라구요? 각속도? 어쩐지 어려울 것 같은데요."

아마도 들어 본 적 없는 단어일 것이며, 그렇게 느끼는 것 또한 무리는 아니다. 초보자부터 상급자까지, 누구나

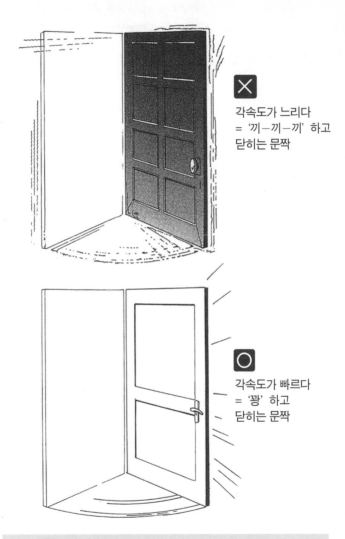

각속도를 높인다

비거리 극대화를 위한 운동 메커니즘⑦

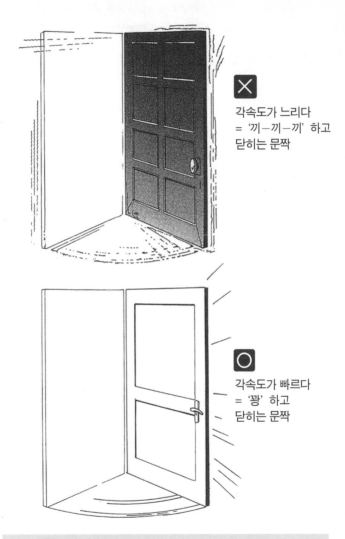

✕

각속도가 느리다
= '끼―끼―끼' 하고
닫히는 문짝

○

각속도가 빠르다
= '꽝' 하고
닫히는 문짝

◎ 각속도 = 각도의 변화÷시간
　골프의 비거리는 '허리 가속도' 의 빠르기에 달려 있다.

이 각속도와 함께 클럽을 휘두른다. 공이 날아가거나 날아 가지 않는 이유는 각속도의 차(差)에 있다.

각속도란 각도의 변화를 시간으로 나눈 것이다. 예를 들면 방문이 '꽝!' 하고 닫히는가, 아니면 '끼─끼─끼' 하고 닫히는가의 차이다.

'꽝!'은 각속도가 빠르며, '끼─끼─끼'는 그보다 늦다. 골프에 비유하면 몸의 회전 속도에 해당한다. 그것이 빠를 수록 공을 멀리 날려 보낼 수 있다. 간단히 말해서 몸의 회전 속도이다.

"더욱 허리를 돌려!"

지금까지의 레슨에서 귀에 못이 박히도록 자주 듣던 말이다.

'허리를 돌리세요!' 라고 지시하지 않아도 스윙을 하면 누구라도 허리는 회전하게 마련이다. 문제는 얼마나 빠르게 회전하는가에 있다.

단지 스윙을 하면 허리는 당연히 회전한다고 생각하는 사람과, 그 반대로 허리를 돌려 가능한 한 빠르게 회전시키는 이유가 비거리를 극대화하기 위함이라고 이해하고 있는 사람은 분명한 차이가 있다. 결국 무엇 때문에 허리를 돌리는가에 대해서 이해하는 사람과, 이해하지 못하는 사람은 스윙 그 자체에서도 큰 차가 생긴다.

'어깨는 여기까지 돌린다', '허리는 여기까지 돌린다' 가 아니라 '빠르게 돌린다' 라고만 지도하면 된다.

앞에서도 언급했지만 우리들은 여러 가지 동작을 운동 회로를 통해 대뇌에 기억시켰다가 필요할 때 재현한다. 그러기 위해서는 동작을 의식적으로 할 필요가 있다. 의식적으로 움직이면 동작에 목적성이 생기며 결국 기술이라는 수준으로 연마된다. 아무 생각도, 목적도 없는 연습은 당장 그만두어야 한다.

각속도도 마찬가지다. 가능한 한 허리의 빠른 회전을 항상 의식함으로써 실제로 빠르게 허리를 돌릴 수 있게 되며, 고속 회전이라는 동작을 만들어 낸다.

팔을 힘껏 휘둘러도 헤드 스피드가 올라가지 않는 이유

허리를 빠르게 돌려야 하는 이유를 모르는 사람은 대체로 '헤드 스피드가 빠르면 공은 멀리 날아간다. 그러기 위해서는 팔을 가능한 한 빠르게 휘둘러야 하는데 여기에는 팔의 파워, 특히 왼팔의 파워가 문제가 된다'고 믿고 있다.

'헤드 스피드가 빠르면 공은 멀리 날아간다'는 말은 정답이다. 비거리는 헤드 스피드의 속도에 좌우되기 때문이다.

'팔을 가능한 한 빠르게 휘두른다.' 이 말 역시 정답이다.

그렇다면 어느 곳이 잘못되었는가. '팔의 파워가 문제가 된다'는 것도 아니다. 더구나 파워는 팔에서 발생하지 않는다. 반복해서 말했듯이 팔의 가장 큰 역할은 파워를 전달하는 일이다. 어디까지나 파워는 몸의 중심축을 기점으로 몸(허리)을 회전시켜 발생한다. 이 회전이 빠를수록 파워는 커진다. 아무리 팔을 힘껏 휘둘러도 클럽은 흔들리지 않으며 헤드 스피드도 나오지 않는다. 다시 말해 몸의 중심축이 회전하고 있지 않기 때문에 헤드 스피드가 나오지 않는 것이다.

다시 타이거 우즈를 예로 들어 보자. 우즈의 허리는 고속 회전하고 있다. 그로 인해 헤드 스피드가 빠르다.

여담이지만 우즈의 스윙을 본 어느 평론가가 '저렇게 고속 회전을 시키면 조만간에 배근(背筋)이 손상된다.'고 말하는 것을 들은 적이 있다.

유감스럽게도 그 평론가는 오해하고 있다. 우즈가 고속으로 회전시키고 있는 것은 배근이 아니라 허리이므로 배근이 손상될 이유는 없다. 우즈의 스윙은 배근에는 부담을 주지 않는 타법이다. 앞에서도 설명했듯이(1장 〈모든 것을 스퀘어로? 그렇기 때문에 막혀 버린다〉 참조) 스윙으로 회전할 때 왼쪽 어깨를 왼쪽 방향으로 풀어 준 각도에서 공을 포착한다. 결국 신체의 어디에도 무리를 가하지 않고 완전히 허리를 돌려 준다.

이 동작이 허리에도 배근에도 무리 없는 스윙이다. 일본에서도 다나카 히데미치(田中秀道) 프로나 카타야마 신고(片山晋吳) 프로 등이 허리를 고속으로, 그리고 완전하게 회전시키는 골프를 구사한다. 즉 이 두 선수는 몸의 각도, 턴 (turn)을 잘 사용해서 공을 친다.

예전의 잭 니클로스(Jack Nicklaus)나 톰 와트슨(Tom Watson)은 임팩트에서 허리를 정지시키고 몸 정면에서 공을 두드리는 듯이 치는 골프를 구사하였다.

임팩트에서 허리를 정지시키기 때문에 그 순간 허리에 상당한 부하(負荷)가 걸려 손상된다. 점보 오자키 프로 등도 같은 방법으로 인사이드에서 공을 노리고 있다. 그 평론가는 그와 같은 플레이어의 전례만 보고 우즈의 허리를 걱정한 것 같다.

타이거 우즈는 각속도가 굉장히 빠르다

미국이나 일본이나 최근에는 젊은 프로 선수들의 활약이 눈에 띈다. 서로 공통되는 점은 몸의 회전을 상당히 부드럽게 100% 사용해서 비거리를 늘리고 있다는 점이다. 몸의 어디에도 브레이크를 걸지 않고, 그대로 자연스럽게 흘러가듯 돌린다. 힘이 정지 없이 자연스럽게 흘러가므로 몸을 손상시키지 않는다.

육상 100m 달리기에서도 전속력으로 골 라인을 통과한 후 힘을 빼면서 스피드 다운하여 4, 50m 지난 곳에서 정지하고 가볍게 걷기 시작한다. 이는 아주 좋은 방법이다. 만일 100m를 전속력으로 달리고 난 후 바로 정지하면 금세

다리가 손상될 것이다.

"타이거 우즈, 마루야마, 타나카, 카타야마 같은 골퍼들은 몸을 고속으로 회전시키기 때문에 그 각속도를 상당히 빠르게 하지요."

"예, 맞아요. 당신도 각속도를 빠르게 하면 좋아져요."

우리들은 머리로 이해하여 기억한 것을 반드시 몸으로 표현할 수 있다. 즉 몸이 그것을 표현하려고 하는 것이다.

"운동학적으로는 이해했으니 다음은 비거리를 극대화할 수 있는 요령을 가르쳐 주세요!"

역시 예상했던 대로다. 그 요령에 대해서는 3장의 장타(長打) 트레이닝법에서 설명하겠다.

이 각속도를 높이는 것만이 공의 비거리를 향상시키는 비결은 아니다. 사실은 공의 방향성과도 밀접한 관계가 있다.

우리들의 스윙은 몸 중심을 축으로 클럽 헤드까지의 반경(半徑)에서 원을 그린다. 임팩트란 원주상(圓周上)의 한 점에 놓여진 공에 클럽 헤드가 충돌하는 것을 말한다. 그리고 이때 공에 대해서 클럽 헤드가 직각(정중앙)으로 충돌하면 공은 곧바로 날아간다.

무게가 있는 클럽 헤드는 원주상에서 항상 축에 대해서 직각으로 이동한다. 공이 정중앙에서 클럽 헤드와 충돌하기 위해서 가장 중요한 포인트는 몸의 중심 축에서 발생한 파워를 부드럽게 클럽 헤드로 전달하는 일이다. 즉 파워의 손실 없이 클럽 헤드와 공이 정확히 충돌하게 하는 것이

2000년 5월 〈MUNSINGWEAR KBS CUP〉
최종일 18홀 벙커에서의 카타야마 신고 프로의 제4타
핀 1.5m에 붙인 샷으로 우승을 결정했다

◐ 타이거 우즈를 비롯한 마루야마, 타나카, 카타야마 프로들은
임팩트에서 허리를 정지시키지 않고 완전히 회전시키며, 몸의
턴을 사용하기 때문에 공이 멀리 날아간다.

다. 당연한 일이지만 아마추어들은 파워를 부드럽게 클럽 헤드로 전달하기 어렵다.

"어째서 불가능하죠? 어떤 테크닉이 있나요?"

이런 의문을 갖는 것도 당연하다.

"테크닉과는 전혀 관계없어요. 다만 팔의 움직임이 부드럽지 못해요!"

"팔의 움직임이 부드럽지 못하다구요? 팔에 아무런 이상한 움직임을 취하지 않았는데……."

팔의 움직임이 부드럽지 않은 이유는 불필요한 힘이 들어갔기 때문이다. 예를 들어 앞에서 설명했듯이 클럽을 왼쪽 손가락으로 꽉 쥐어서 어깨와 팔로 만드는 삼각형을 지나치게 의식한 나머지 팔꿈치와 관절이 딱딱하게 굳어 버린다. 이렇게 되면 몸을 축으로 하여 스윙할 수 없게 된다.

"어디까지나 몸의 축을 중심으로 하는 스윙에 팔은 부드럽게 따라가는 것이죠."

"맞아요, 말한 그대로예요!"

이제야 이해하는 것 같다.

앞에서 몸의 중심축의 회전에 의해 발생한 파워는 안에서부터 바깥으로 전달된다는 힘의 전동성에 대해서 이야기했다. 이 힘의 전달 방법이 능숙한 사람일수록 팔을 채찍과 같이 사용하지만 반대로 서투른 사람은 팔만 사용하므로 헤드 스피드가 올라가지 않는다. 각속도는 거의 없이 팔에만 의지하려고 하기 때문에 헤드 스피드는 올라가지

각속도를 높이는 연습법

클럽을 2자루 들고
수평으로 돌린다

경기 시합 전의
준비 운동으로도 좋다
(노 볼 워밍업)

◐ 이때 가능한 한 허리를 빠르게 회전시키면 각속도가 높아져 비거
리가 극대화된다.

않는다.

항상 허리를 회전시키는 동작을 연습에 도입하기 바란다. 허리를 회전시키는 동작은 일상생활에는 별로 없으므로 의식적으로 연습 중에 실시해야 한다.

또한 허리를 돌리는 동작은 준비 운동으로써도 상당히 유효하다. 예를 들면 골프장에 도착해서 경기 시작까지 연습 시간 없이 공을 쳐 보지도 못하고 바로 티 그라운드에 나가야 할 경우가 생긴다.

이럴 때 미들 아이언을 2자루 정도 쥐고, 클럽을 수평으로 좌우로 돌린다(다른 사람과 부딪치지 않도록 주의). 이 동작을 20회 정도 실시하면 공을 친 것과 같은 정도의 효과를 얻을 수 있다. 미국에서는 이 동작을 '노 볼 워밍업(No Boll Warming up)' 이라 부른다.

어찌되었든 여기에서는 각속도를 빠르게 하는 것이 비거리 향상과 연결된다는 점을 명심해 두자.

| 효과적인 운동의 법칙 6 |

강약의 리듬이 있다
— 강약의 장단이 잘 맞는 리듬도 스윙의 큰 요소

'약' 으로 시작하여 '강 · 약 · 강 · 약' 의 리듬으로 휘 두 른다

확실하게 스코어 100을 깰 수 있게 되고, 플레이도 그런 대로 계산할 수 있게 되었는데도 불구하고 스윙에 어쩐지 어색함이 남는다. 이러한 애버리지 골퍼들이 의외로 많다. 그 이유를 나에게 묻는다면 그들의 스윙에는 '강약의 리 듬' 이 없기 때문이라고 대답하겠다.

모든 스포츠는 리듬과 관계가 있다. 스포츠에서 아름다 운 움직임은 반드시 어떤 리듬을 동반하고 있다. 골프도 마찬가지다. 상급자의 스윙 중에는 강약의 장단이 잘 맞는 리듬이 흐르고 있다.

우선 어드레스. 움직임으로서는 정지하고 있다. 몸은 불

113

필요한 힘이 빠져 있는 '약' 인 상태. 다음으로 와인드 업 (테이크 백) 동작이 시작되어 '강' 으로 진행되어 간다. 그것이 톱 · 오브 · 스윙에서 방향 전환을 하고 순간적으로 '약' 으로 변한다. 그 후는 이른바 저장 상태에서부터 임팩트에 걸쳐 '강' 이 되고, 팔로우 스루의 종말 국면에서 '약' 이 되어 피니시를 맞이한다.

이와 같이 '약' 으로부터 시작되어 '강', '약', '강', '약' 을 교대로 힘이 전달되므로 스윙에 리듬이 생긴다. 결국 힘의 적절한 분출 방법이 좋은 리듬을 만든다. 이에 반해서 리듬이 없는 스윙에서는 '강' 과 '약' 의 교대성이 없이 단지 막대기를 흔드는 듯한 동작만 보인다.

힘 주는 것이 나쁜 이유는 '강약' 의 리듬을 빼앗기 때문이다

다음과 같은 사람을 자주 발견할 수 있다. 어드레스에서 어깨와 양팔로 삼각형을 만드는 것은 좋지만 그 형태를 무너뜨리지 않으려고 테이크 백과 다운 스윙을 한다. 그로 인해 움직임의 '강', '약' 이 전혀 없다. 까딱 잘못하면 전부 '강' 의 리듬이 된다.

여성 골퍼 중에는 "저는 전혀 공을 날리지 못해요."라고 하소연하는 사람이 있다.

스윙을 관찰해 보면 "저 사람, 힘이 없는 것 아니냐?"라고 할 정도로 그저 멍하니 칠 뿐이다. 처음부터 끝까지

강약의 리듬을 살린다

◑ 힘의 적절한 분배에 의해 강약의 리듬이 조화를 이룰 때 공은 멀리
 날아가게 된다.

'약'으로밖에 보이지 않는다. 그러나 사실은 힘을 계속 주고 있다.

골프 클럽이라는 물체의 특성상 힘이 제로에서 시작하여 10이 되고, 20이 되면 가만히 있어도 공을 날려 보낼 수 있도록 만들어져 있다. 그런데도 처음부터 끝까지 쉬지 않고 힘을 주기 때문에 공은 날아가지 않는다.

그것은 남성도 마찬가지다. "나 말이야, 이렇게 휘둘러도 창피할 정도로 날아가지 않아. 결국 힘이 없는 것일까?"라고 한숨을 쉬는 사람이 있다. 공은 클럽을 그저 휘두른다고 해서 날아가지 않는다. 반대로 설명해 보면 공은 힘이 없어도 날아간다.

리듬이 있는 움직임은 우리들 동작의 모든 국면에서 볼 수 있다. 걷는 자세를 예로 들어 보자.

TV에서 해 주는 토너먼트 중계를 시청할 때 나는 걷는 동작을 보고 어느 골퍼가 그날의 선두 다툼에 포함될지를 거의 정학하게 예측할 수 있다.

'오늘 점보 오자키 선수는 걷는 자세가 아무래도 딱딱해'라고 느낀 날은 예측대로 스코어가 올라가지 않는다.

야구의 이치로 선수는 캠프에서 걷는 자세, 런닝 자세를 전문 코치에게 배웠다고 한다. 타격 자세뿐만 아니라 모든 동작에 리듬이 필요하다는 것을 그는 알고 있었다.

'강', '약'의 리듬이 있는 스윙에서 공의 비거리와 방향성이 생긴다.

| 효과적인 운동의 법칙 7 |

도약력(跳躍力)

― 장타는 하반신의 탄력에 의해 좌우된다

비거리는 도약력에 의해 좌우된다

넓이뛰기 일본 기록 보유자인 우스이 주니치 선수와 함께 라운드한 적이 있다. 가볍게 휘둘러도 쉽게 300야드 가깝게 날아가는 모습을 보니 지금까지 골프를 계속해 왔고 지도자 임무를 담당하고 있는 입장에서는 어딘가 거북했다.

역시 골프에서 비거리가 길다, 즉 장타를 칠 수 있는 실력이 있다는 말은 자신만이 갖고 있는 장기라는 사실을 새삼 피부로 느꼈다.

대체로 비거리가 긴 사람들의 스코어는 마음먹은 대로 나오지 않는 것이 일반적 통념이지만 그는 달랐다. 나와 같은 80타 정도로 라운드했다. 그리고 그는 정말로 즐겁게 시합을 했다. 즐겁게 한다는 것은 골프에 있어서 가장 중요한 포인트다. 대화를 나누다 보니 역시 그에게는 '즐겁지 않으면 골프가 아니다' 라는 골프관이 있었다.

"도대체 우스이 선수는 비거리가 어떻게 저렇게 많이 나오는 걸까요?"

그것은 그의 엄청난 도약력에 있다.

"뭐라구요? 도약력이 골프와 관련이 있다구요?"

이러한 의문을 품고 있는 사람이 적지 않다. 당연하다.

도약력은 공의 비행과 상당히 관계가 있다. 도약력이란 하반신의 탄력이다. 탄력이 약하면 당연히 비거리는 늘어나지 않는다.

비거리의 향상을 원한다면 하반신의 탄력을 강화해야 한다. 그러면 당신의 비거리는 확실히 향상된다(장타의 효과적인 트레이닝법에 대해서는 3장에서 자세히 설명하겠다).

앞에서도 설명했듯이 골프는 타깃 스포츠다. 곧 과녁 맞히기 게임이다.

최종적으로 가능한 한 적은 횟수로 공을 과녁에 맞히기 위해서는 거리라고 하는 요소가 중요한 포인트가 된다. 아무래도 다시 비거리에 대해 언급할 필요성이 느껴진다.

"그렇게 말해도 30대를 넘기게 되면 어쩔 수 없이 비거리는 떨어지고 말아요!"라고 탄식하는 골퍼들의 소리가 들려온다.

30대 중반, 더욱이 중년이 되면 매년 현저하게 비거리가 떨어진다. 이 현상은 어쩔 수 없는 사실이다. 아무런 트레이닝을 하지 않으면 1년에 3%씩 체력이 떨어진다는 연구 자료도 있다. 그러나 단지 수수방관만 한다면 어찌할 도리가 없다.

무릎을 능숙하게 잘 이용하여 218회의 에이지 슈터

중·장년이 되어도 비거리를 유지하고 있는 사람은 자신만의 독특한 트레이닝을 매일같이 하고 있다. 그렇지 않으면 비거리를 유지할 수 없다. 아무리 나이가 들어도 비거리에 대한 집념을 쉽게 포기하지 않는다.

쥰텐도 대학의 이시이 쇼죠(石井昌三) 이사장은 현재 78세다. 골프를 시작한 것은 67세 때인데 현재도 100 전후의 스코어로 라운드한다.

얼마 전에도 대학골프대회에서 98(48·50)로 라운드했다. 비거리도 젊은 여성 수준 정도는 쉽게 날린다.

이시이 이사장의 플레이를 보고 가장 크게 느낀 것은 그가 하반신의 탄력을 능숙하게 사용하고 있다는 점이다.

그는 발에 깁스를 하지 않았다. 나이 많은 골퍼들은 몸이 흔들리기 때문에 무릎을 안쪽으로 좁히고 하반신을 단단히 하고 스윙하는 사람이 많다. 그런데 이시이 이사장은 그렇지 않다. 발은 약간 바깥으로 향하게 하고 무릎을 느슨하게 한 다음, 항상 하반신의 탄력을 이용해서 스윙하려고 노력한다. 하반신의 탄력을 이용하기 때문에 백 스윙에서는 무릎이 후방으로 움직인다.

"그래도 무릎이 후방으로 움직이는 것은 스웨이죠. 나쁘지 않나요?"

그런 질문을 하리라 예상했다. 그러나 이시이 이사장의 무릎이 후방으로 움직이는 것은 스웨이가 아니다.

"그렇다면 무릎은 뒤로 움직여도 괜찮나요?"

큰 문제가 되지 않는다.

아무래도 스웨이에 대해 오해하고 있는 듯하다. 스웨이란 백 스윙이나 다운 스윙을 할 때 허리가 회전하지 않고 옆으로 움직이는 것을 말한다. 허리가 회전한다면 무릎이 움직여도 스웨이라고 하지 않는다.

허리의 움직임과 무릎의 움직임은 연동(連動)하고 있다는 사실을 생각해 보라. 결국 허리가 회전할 때 무릎이 고정되어 움직이지 않는 경우가 이상하다. 이것은 단지 무릎에 국한되는 것만은 아니다.

앞에서도 설명했듯이 머리 또한 움직여도 괜찮다.

오히려 회전 중이라면 움직여야 한다. 무엇보다도 몸의 회전으로부터 벗어날수록 머리와 무릎을 아무리 크게 움직이려고 해도 움직일 수 없다. 반드시 본인들이 확인해 보기 바란다.

얼마 전에는 이시이 이사장보다 더 나이가 많은 골퍼를 만났다. 98세의 우치다(內田) 씨라는 분이었다.

우치다 씨는 필자의 앞 그룹이어서 시합 전에 약간 이야기를 건넬 수 있었다.

"98세까지 골프를 즐길 수 있으시니 꽤나 부럽습니다!"

그러자 우치다 씨는 웃는 얼굴로

"난 말이야, 이미 죽는다는 것을 잊고 살지! 지금까지 218회의 에이지 슈터를 했지. 오늘은 219회째 도전이야!"

우치다 씨는 98세라고는 믿기지 않을 정도로 배근을 곧게 펴고 기분 좋게 코스를 돌았다. 스윙 또한 이시이 이사장과 마찬가지로 시원스럽게 정확히 허리를 돌리는 모습이 인상적이었다.

클럽 번 수의 차이도 무릎을 구부리는 상태에서 터득

앞에서 하반신의 탄력을 강하게 하는 것이 비거리를 늘리는 방법이라고 이야기했다. 탄력을 갑자기 강하게 하는 것이 가능한지 의문스러울 수도 있다.

현재의 상태에서 어드레스하는 법에 주의하면 특별히 트레이닝을 하지 않아도 탄력이 강해진다. 무릎의 힘을 빼고 느슨하게 구부린 상태에서 자세를 취하면 당신이 갖고 있는 탄력을 충분히 살릴 수 있다. 이 무릎의 구부림 정도에 대해서 다음과 같은 질문을 자주 받는다.

"제 키의 경우 어느 정도 무릎을 구부리면 좋은가요?"

지금 시점에서 적절한 질문이다.

그립을 쥐었을 때 그립·앤드와 배(복부) 사이에 주먹 한 개 반 정도의 간격을 둔다. 이 간격은 어느 번 수의 클럽도 같다.

어느 번 수라도 간격이 같다면 예를 들어 7번 아이언으로 그립을 쥐었을 때 '헤드가 지면에 닿지 않을까?' 라고 생각할 수 있지만 번 수의 길고 짧은 차이를 무릎을 구부리는 정도에서 세밀하게 조정한다. 이것이 탄력을 최대한으로 살리는 무릎 구부림의 조절이다.

종종 상체를 구부려서 클럽 번수의 차(差)를 조정하는 사람이 있는데 그렇게 하면 번수에 의해 무릎이 펴져 막대 모양으로 선 상태가 되기 때문에 무릎의 탄력을 살릴 수 없게 된다.

항상 상체는 일정하게 유지하며 번 수에 의해 무릎의 전각도(前角度)를 엷거나 또는 깊고 세밀하게 조정한다. 언제나 이것을 의식하면 운동 회로에 기억되어 '5번 아이언을 칠 때는 이렇게', '7번 아이언의 경우는 이 정도로' 라고 저절로 무릎을 구부리는 정도를 조정할 수 있게 된다.

14자루 클럽의 길고 짧음의 차이, 로프트 차이에 의한 기능의 차이를 무릎이 구부려지는 정도에 의해 기억하여 각각의 기능을 확실하게 발휘하게 한다.

번 수의 차이에 의해 무릎을 구부리는 정도가 다르다는 것을 의식하면서 스윙하면 자연히 공이 떠오르는 정도와 비거리의 차이를 확실히 알 수 있다. 그러면 무릎을 구부리는 중요성을 몸으로 실감할 수 있게 된다.

번 수의 차이는 무릎의 구부림 정도로 조정한다

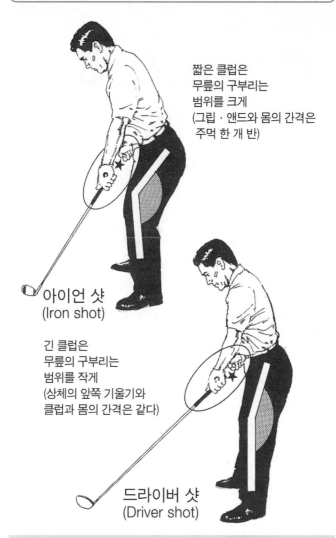

짧은 클럽은
무릎의 구부리는
범위를 크게
(그립 · 앤드와 몸의 간격은
 주먹 한 개 반)

아이언 샷
(Iron shot)

긴 클럽은
무릎의 구부리는
범위를 작게
(상체의 앞쪽 기울기와
클럽과 몸의 간격은 같다)

드라이버 샷
(Driver shot)

◗ 상체의 앞쪽 기울기에서 조정하면 무릎이 펴져서 탄력을 살릴 수
없으므로 주의한다.

"선생님, 그럼 무릎을 상하로 움직이는 것은 상관없죠?"

"그래요. 신경 쓸 필요 없죠! 공에서 시선만 벗어나지 않으면 상하로 움직여도 괜찮죠."

요점은 번 수에 맞추어 무릎을 구부리는 정도를 조정하며, 무릎을 확실하게 돌려서 탄력을 모아 둔다는 점이다. 그 다음부터는 자신의 감각을 믿고 마음껏 과감하게 스윙한다. 이것으로 당신의 비거리는 크게 향상된다.

나는 여성에게도 "남성처럼 스윙하세요!"라고 지도한다. 어쨌든 마음껏 과감하게 스윙하는 자세가 중요하다.

| 효과척인 운동의 법칙 8 |

이미지 환기력

– 생각한대로 공은 날아간다

미스 샷은 못 본 척한다

티 그라운드에 섰을 때 당신은 무엇을 떠올리는가?

상급자일수록 의식적으로 또는 무의식중에 자신의 클럽을 사용한 최고의 샷을 떠올린다. 지금까지 수많은 샷 중에서 최고의 샷은 그 사람의 운동 회로에 확실하게 기억되어 있다. 상급자는 티 그라운드에서 그것을 끌어내어 발휘한다.

최근 이 이미지를 환기하는 능력, 즉 이미지 트레이닝(image training)의 중요성이 대두되고 있다. 그것은 좀 전에 설명했던 '운동 회로'에서 좋은 정보를 꺼내기 위해서다.

골프 실력을 향상시키기 위한 요인에는 지금까지 설명한 기술적인 면과 이미지 트레이닝이 크게 관계하고 있다.

수많은 라운드 경험이 있음에도 불구하고 조금도 스코어가 개선되지 않는다. 그런 분들은 홀 아웃 후에 대부분 "1번 홀에서 이상한 샷을 쳤고, 5번 홀에서 실수했어. 그 1타만 없었더라면……." 하고 변명하거나 투덜거린다.

이와 같이 부정적인 사고(思考)로 반성하면 골프 실력은 결코 향상되지 않는다. 오히려 지나친 반성으로 슬럼프에 빠진다. 나쁜 이미지를 계속해서 생각하는 것은 바람직하지 않다. 따라서 "스코어는 분명히 나빴다. 그렇지만 9번 홀에서의 스푼(3번 우드)을 사용한 세컨드 샷은 좋았다."라고 그날 가장 좋았던 샷을 떠올린다. 가능하면 떠올리는 것으로 끝나지 말고 그 감각이 남아 있을 때 연습을 하여 자신의 운동 회로에 기억시켜 두자.

"그렇다면 평소 연습장에서의 훈련 방법에 변화가 오겠는데요?"

"맞아요. 많은 분들의 연습 방법은 이미지 트레이닝과 반대되는 연습을 하고 있는 듯 보입니다."

예를 들어 '7번 아이언은 처음에 좋은 한 타가 나왔기 때문에 더 이상 칠 필요가 없어. 다른 클럽으로 연습해야지!'라는 생각은 좋지 않다. 다시 없는 기회이므로 좋은 공을 치기 시작했을 때 연속해서 쳐야 한다. 그리고 좋은 이미지를 확실하게 운동 회로에 각인시킨다.

또한 '오늘은 드라이버가 엉망이었으니까 라운드 끝난 후에 집중적으로 스윙 연습을 해야지!' 라는 생각은 더욱

'이미지 환기력'을 높인다

30° 30°

코스에서도 연습장에서도
목표 방향에서 좌우 30도씩의
풍경을 머리에 넣어 둔다
그것을 상기하면서 친다

○ 무턱대고 치는 것과 정보를 남겨 두는 것은 결과가 크게 달라진다.

좋지 않다. 좋았던 장면은 금세 잊어버리게 마련이다. 이 것은 어떤 운동에 있어서도 마찬가지며 필자는 배구 시합 에서도 선수가 실수하는 플레이를 하면 '못 본 척' 하려고 한다.

시뮬레이션 연습은 효과가 크다

이와 같이 골프 실력을 향상시키기 위해서는 좋은 이미 지의 선취(先取)가 필요하다.

경험에서 나오는 정보, 즉 이미지를 항상 남겨 두지 않으 면 다음으로 이어지는 샷을 기대할 수 없다. 그러므로 정 보를 확실히 남겨 두는 일이 매우 중요하다.

정보를 남겨 두는 방법으로 스코어 카드 등에 메모를 해 두면 좋다.

무엇이든 상관없이 생각나는 대로 메모해 두자. 예를 들 면 잔디 상태, 핀 위치, 바람 상태 등등. 또한 이런 상황 변 화에 대해서 자신은 어떠한 샷을 구사했는가 등을 기입해 두자. 특히 같은 코스에서 플레이할 기회가 많은 사람은 상황 변화에 따른 공의 낙하 지점을 파악해 둔다면 확실하 게 스코어를 향상시킬 수 있다.

프로야구 오릭스에서 한신(阪神)으로 이적한 베테랑 선 수 호시노노 부유키(星野伸之) 투수의 기사를 읽은 적이 있 다. 그러나 그에게는 더이상 과거의 피칭 실력을 기대할 수 없었다. 가장 빠른 볼도 130km 안팎. 그러나 경험에서 나오는 코너워크와 볼 배합은 아직도 건재하여 모자란 부분을 보완해 준다. 호시노 투수는 불펜(투구 연습장)에서 던질 때도 어떠한 상황에서 던지는가를 시뮬레이션화하여 한 구, 한 구 던진다. 그래서 "불펜에서 100번을 던져도 한 구 한 구가 다르다"라고 적혀 있었다. 연습이란 바로 호시노 선수와 같은 자세로 해야 한다.

바르셀로나 올림픽에서 은메달, 애틀란타에서 동메달을 획득한 마라톤의 아리모리 유코(有森裕子) 선수가 〈NHK의 과외 수업 · 어서 오세요! 선배님〉이란 프로에서 그녀의 모교 초등학생들에게 아주 재미있는 이야기를 해 주었다.

그것은 '모처럼이니까!' 라는 사고방식이었다. 마라톤 선수의 연습량은 일반인들이 상상하지 못할 정도로 엄청나다. 인간의 한계에 도전하기 때문에 때로는 예상치 못한 시련을 겪는 경우도 있다.

아리모리 선수도 다리 부상으로 몇 번이나 시련을 맞이하여 심한 슬럼프에 빠졌다고 한다. 그때 마라톤 스승인 코이데 요시오(小出義雄) 감독이 "아리모리, 모처럼 부상을 당했으니 편안히 쉬면 어때?"라고 했다.

그 말을 듣고 난 뒤부터 개운치 않았던 모든 것들이 깨끗이 없어졌다고 한다. 그 뒤로 그녀는 선수 생활에서나 일상생활에서 슬럼프에 빠지게 되면 그 '모처럼이니까!' 라는 긍정적인 생각으로 극복하고 있다고 한다.

즉 부정적 이미지를 긍정적 이미지로 전환시킨 것이다. 경기 중에도 '모처럼 벙커에 떨어졌으니 여기에서는 벙커 연습을 해 볼까?' 정도의 여유를 갖고 하면 어떨까.

목적 의식을 가진 연습의 실제

이 방법은 연습장에서 칠 경우에도 응용할 수 있다. 예를 들어 스코어 카드를 보면서 '저쪽 5번 홀의 러프가 깊은 곳에서의 세컨드 샷은 이런 이미지로 쳤구나. 다시 한 번 쳐 볼까?' 하고 생각하고 한 번 더 샷을 재현해도 좋다. 게임 감각으로 연습을 할 수 있다.

여기에서 말하는 게임 감각이란 목적에 일치하는 연습을 말한다. 그러나 게임 감각으로 연습하지 않고 단지 '곧바로 공을 칠 수만 있다면 좋다' 라는 식으로 아무렇게나 공을 치면 실력은 좀처럼 늘지 않는다. 목적이 있는 연습과 그렇지 않은 연습은 스코어 차이가 많이 난다.

연습장에서 실력이 향상되는 사람과 그렇지 못한 사람이 있다. 그 이유는 목적 의식의 차이, 좀더 구체적으로 말하면 이미지 환기의 차이에 있다.

예를 들어 당신은 5번 아이언으로 어떤 연습을 하고 있는가?

"저는 5번 아이언으로 160야드를 확실하고 정확하게 날리려고 연습하고 있는데 이 방법으론 안 되나요?"

대부분의 사람은 그렇게 말한다.

번 수의 차이에 따라 거리를 정확히 낸다는 것이 분명히 틀린 말은 아니다. '5번 아이언이면 160야드는 날려야 한다!'는 심정은 이해한다. 그래도 그것만으로는 부족하다. 더욱 많은 이미지를 떠올리면서 연습해야 한다.

"더 많은 이미지를 떠올리는 5번 아이언 연습 방법이란 무엇이죠? 그런 연습 방법이 있어요?"

"있죠!"

예를 들어 5번 아이언으로 200야드를 치거나 160야드, 130야드를 치기도 한다. 코스에 따라서는 5번 아이언으로는 100야드만 쳐야 할 상황도 발생한다.

티 샷 미스로 공이 크게 휘어 숲 속으로 떨어졌다. 제2타로 그린 방향으로 날리기 위해서는 가지 밑을 통과해야만 한다. 그러기 위해서는 공을 띄우지 않고 100야드 정도 쳐야 한다. 이런 경우 어떻게 할까? 이런 경우에는 5번 아이언을 사용한다. 또 가지의 높고 낮음에 따라서 3번 아이언을 사용하여 탈출하는 경우도 생각해야 한다. 5번 아이언이라고 해서 160야드 칠 연습에만 전념해서는 안 된다.

스타트 전의 스윙 연습도 마찬가지다. 무조건 '씽씽' 소리가 나게 휘두르는 플레이어를 많이 볼 수 있다. 그러나 그와 같이 온 힘을 다해 휘두르면 좋은 이미지를 만들 수 없으며, 오히려 바로 다음 플레이에 역효과를 주고 만다.

다시 배구에 관한 이야기로 넘어가 보자. 약한 팀일수록

이미지 연습 스윙이 가장 효과적이다

배구에서도
시합 전
전력을 다한
어택 연습은
소용없다

씽씽

씽씽

스타트 전에
'씽씽' 소리가 날 정도로
헛스윙을 해서는
이미지도 그리지 못하고
역효과만 낼뿐.

◑ 8할 정도의 힘을 구사해야 본 시합에서 이미지가 솟아 나온다. 연습 스윙 하나라도 이미지 연습이 가능하다.

시합 전의 어택 연습에서 볼을 코트에 쾅쾅 내리꽂는다.

관전하는 쪽은 박력 있어 보이고 재미있겠지만 사실 어택하는 선수는 코트의 어느 곳을 겨냥할까 등의 여유나 이미지를 떠올릴 겨를도 없이 체력 소비만 하고 경기에 임하게 된다. 경기가 시작되면 상대팀의 블로크를 재빨리 피해 수비 진영을 살펴서 빈곳에 스파이크하는 감각이 필요하기 때문에 연습에서는 그런 것을 이미지화하면서 8할의 힘으로 타이밍을 맞추려는 노력이 필요하다.

골프도 마찬가지다. 씽씽 소리가 날 정도의 연습 스윙이 아닌, 8할 정도의 힘으로 구사하는 '이미지 연습 스윙'이 효과적이다.

3

'4방향 밸런스 트레이닝법'을 이용하여 온몸으로 비거리를 극대화한다

비거리 극대화를 위한
아주 간단한 트레이닝

공을 치는 것만으로는 비거리가 향상되지 않는다

"비거리 극대화를 위해서는 역시 본격적으로 트레이닝을 할 필요가 있겠군요."

"그렇죠! 그렇게 하는 편이 좋겠지요."

"그래도 그렇게 힘든 트레이닝을 하기는 매우 어려워요."

이러한 이야기는 거의 대부분 아마추어 골퍼들의 공통점이다. 물론 프로 골퍼들은 각각의 트레이닝 메뉴에 의해서 연습한다.

"그런 본격적인 훈련이 아니더라도 평소에 간단하게 할 수 있는 트레이닝을 도입하면 볼의 비행 거리는 확실하게 향상될 수 있죠!"

"그런 트레이닝으로 어느 정도 향상될 수 있을까요?"

"당신은 드라이버로 어느 정도 칠 수 있죠?"

"230야드 정도는 칠 수 있는데요!"

"그렇다면 20야드는 향상될 수 있죠."

"정말입니까? 믿기지 않네요."

이상하게도 아마추어 골퍼들은 '어이! 어느 정도 치지? 나는 230야드 정도는 칠 거야!' 라고 볼의 비행 거리에는 관심이 많지만 비거리 극대화를 위한 트레이닝은 불가능하다고 생각하여 단념하고 있는 듯하다. 지금까지 이야기해 왔던 운동의 법칙에 따른 훈련 방법으로 이미 비행 거리는 크게 향상되었다고 할 수 있다. 그러나 여기에서 한 단계 더 높은 비행 거리를 향상시키기 위해서는 연습장에서의 볼 스윙 연습만으로는 불충분하다.

트레이닝 법에 대해서 설명하기 전에 비행 거리와 방향성에 대해서 약간 생각해 볼 필요가 있다. 이러한 것을 이해해 두어야 보다 효과적인 트레이닝을 할 수 있다.

골프의 참된 묘미는 역시 가능한 한 멀리 볼을 치는 것이다. 그것은 또한 골프를 하는 모든 사람들의 소망이기도 하며 나이에 상관없이 어쨌든 멀리 치고 싶어 한다.

그 다음으로 바라는 것은 방향성을 안정시키는 일이다. 페어웨이를 유지하면서 가능한 한 멀고 정확하게 볼을 치고 싶다. 초보자에서부터 상급자에 이르기까지 누구라도 그렇게 소망한다.

비거리와 방향성을 동시에 습득한다

가능한 한 멀고 정확하게 치고 싶다! 골퍼들이 절실하게 바라는 이 두 가지 측면은 언뜻 보기에는 서로 다르게 보이지만 사실은 밀접한 관계를 맺고 있다.

여러분 주위의 골프 동료들 중에도 멀리 칠 수 있는 사람은 대체로 볼의 방향성도 어느 정도 안정되어 있을 것이다.

반대로 애버리지 골퍼 중에 볼의 비행 거리가 짧은 사람은 방향성도 불안정하다. 물론 어떠한 경우라도 예외는 있을 수 있으나 대부분 그런 경향을 보인다.

운동 이론이라는 측면에서도 장타를 날려 보낼 수 있는 경우와 방향성이 안정되었다고 보는 경우는 서로 밀접한 관계를 맺고 있다.

결국 볼을 멀리 날려 보낸다는 것은 스위트 스포트, 즉 정확하게 타구 면의 중심점에 볼을 임팩트시킨다는 뜻이다. 다시 말하자면 클럽 헤드가 볼의 정 옆에 임팩트된다는 뜻으로 당연히 볼은 일직선으로 날아간다.

"저도 이해가 갑니다. 단지 이론과 실천이 일치하지 않을 뿐이죠!"

"이론과 실천이 일치하지 않는다는 것은 당신에게만 해당되는 것이 아니라 애버리지 골퍼 대부분에게 해당됩니다. 그러나 이론을 이해할 수 있다는 것은 매우 중요한 일이지요!"

비거리 극대화 트레이닝 4가지

○ 평상시 짬을 내어

강화 트레이닝

● 스쿼트(squat)운동
● 허리의 고속 회전 스윙

○ 게임 전 준비 운동으로서

릴랙제이션 (relaxation) 트레이닝

● 가벼운 런닝
● 연습 전신 체조
● 메드신 볼 던지기

더욱 날아간다

○ 게임 후에는 반드시

정리 트레이닝

● 정적인 스트레칭

○ 게임 전 골프 연습장에서도

멘탈 트레이닝

● 이미지 트레이닝

> ● 단지 근력을 단련시키는 훈련만으로는 효과가 없다. 운동 감각을 단련시키고 신체 리듬을 살리고 이미지를 잘 떠오르게 하는 것이 비거리 극대화를 위한 트레이닝에 큰 도움이 될 수 있다.

"그렇습니까?"

"그러니까 당신도 아주 희망이 없지는 않아요!"

"그래요! 그런데 선생님께서는 전에 애버리지 골퍼의 경우 임팩트 순간에 그 골퍼의 파워는 최대치에 달한다, 다만 프로 골퍼나 싱글 플레이어가 스윙할 경우에는 파워의 최대치가 임팩트 직후에 온다고 말씀하셨죠."

"그래요."

"그 차이는 스윙 시의 가속도 차이에서 나타나는 것을 알 수 있죠. 그렇기 때문에 상급자는 임팩트 후라도 클럽 헤드로 볼을 더 밀고 나갈 수 있는 것이죠."

"그래요. 볼에 더욱 가속을 붙일 수 있다는 거죠."

"그 가속 운운하는 것은 잠깐 접어 두고 저와 같은 애버리지 골퍼도 장타가 방향성과 아주 밀접한 관계가 있다고 생각해도 좋겠죠?"

"물론이죠!"

장타와 방향성, 이 둘은 원래 어느 한쪽이 뛰어나고 나머지 한쪽이 부족해 '의식적으로 운동해야 하는가?' 라는 질문에 대해 대답하기는 어렵다. 한쪽을 열심히 단련하면 다른 한쪽은 자연히 향상된다는 정도로 이해해 두기로 하자.

좀더 설명하자면 방향성을 향상시키기보다는 드라이버 티 샷을 연습하는 편이 더 효과적이다. 확실하고 정확하게 드라이버 티 샷을 구사할 수 있으면 이미 방향성도 어느 정도 수준에 도달했다는 의미다.

다음으로는 언제 어디서라도 누구나 할 수 있는 드라이버 티 샷을 보다 잘하기 위한 트레이닝에 대해서 생각해 보자. 앞으로 설명할 트레이닝은 결코 놀랄 만한 것도 아니고 아주 손쉽고 간단하므로 착실하게 훈련한다면 여러분의 비행 거리도 확실하게 향상될 수 있다.

단, '강화'·'릴랙제이션'·'정리(부상/예방)'·'멘탈(정신/심리)' 등 4가지 트레이닝 방법을 균형 있게 실천하는 것이 무엇보다 중요하다. 반대로 불균형적인 트레이닝을 하게 되면 도리어 균형을 잃을 수 있기 때문에 반드시 주의해야 한다.

| 강화 트레이닝 ① |

스쿼트(squat)로
확실하게 비거리 향상

의자에서 일어나는 동작만으로도 스쿼트 효과

2장의 운동의 법칙에서 설명했듯이 볼은 하체의 탄력에 의해 날아간다.

그러기 위해서는 당연히 하체, 그중에서도 무릎과 대퇴사두근을 강화해야 한다.

"구체적으로 어떻게 강화해야 하죠?"

"무릎과 대퇴사두근을 강화해 주는 스쿼트 운동이 가장 효과적이죠."

"스쿼트 운동이요? 왠지 힘들 것 같은데요?"

"맞아요! 보기에는 쉬울 것 같지만 실제로 해 보면 꽤 힘들죠."

"그래도 운동 효과는 있을 것 같네요."

어깨 넓이로 양발을 벌리고 무릎을 160° 정도로 구부려 선다

천천히 무릎을 90도 정도까지 구부린다. 그리고 천천히 160° 정도까지 편다(20회)

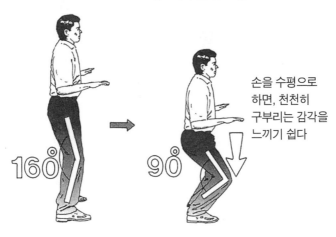

손을 수평으로 하면, 천천히 구부리는 감각을 느끼기 쉽다

○ '강화 트레이닝'은 비거리 극대화를 위해 필요한 근력을 높이는 데 그 목적이 있다. 그러나 다른 '릴랙제이션 트레이닝' 등과 함께 운동하지 않으면 신체 리듬과 감각을 향상시킬 수 없으므로 꼭 주의해야 한다.

"예, 맞아요. 상당한 효과가 있죠. 비행 거리를 향상시키는 데는 효과 만점이죠. 장타를 잘 치는 골퍼들은 예외 없이 무릎과 대퇴사두근이 강합니다. 즉 그 두 곳을 잘 활용하고 있다는 거죠."

잘 알고 있듯이 스쿼트 운동이란 똑바로 일어나면서 무릎을 90~160도 정도 사이에서 상하로 구부렸다 펴는 운동이다.

스쿼트란 바벨을 사용하는 본격적인 운동 방법이다. 그렇지만 일부러 바벨을 사용하지 않고 자신의 체중을 무릎에 가중시키는 방법만으로도 충분한 운동 효과를 볼 수 있다. 그러므로 업무 사이나 휴식 시간을 이용하여 10~20회 정도 해 주면 좋다.

또는 일상생활 중, 예를 들면 의자에서 일어날 때 의식적으로 무릎과 대퇴사두근을 사용하면 좋다. 척추를 곧바로 편 뒤 신체를 물체에 기대지 않고 똑바로 일어나는 동작을 취한다. 책상에 손을 대고 '으이차!' 라고 소리를 내며 일어서는 동작과는 매우 큰 차이가 있다.

이러한 운동만으로도 하체 근력이 약해지는 것을 미연에 방지할 수 있다. 스쿼트는 근력 운동이기 때문에 분명히 힘들다. 그러나 즉각적인 효과를 얻기에는 최적이다. 예들 들어 이 운동을 매일 50~60회 정도 계속해서 하게 되면 하체의 탄력이 상당히 향상되어 비거리가 확실하게 늘어난다.

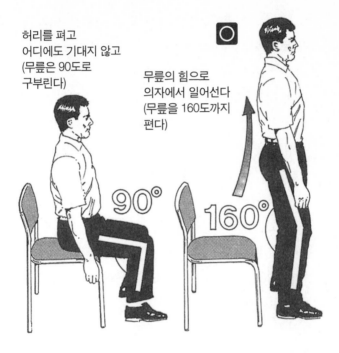

허리를 펴고
어디에도 기대지 않고
(무릎은 90도로
구부린다)

무릎의 힘으로
의자에서 일어선다
(무릎을 160도까지
편다)

바벨 들기는
허리에 부상을
입힐 수 있으므로
하지 않는다

증명-스키를 탄 뒤에는 반드시 골프의 스코어가 좋다

"스쿼트 이외에 하반신의 탄력을 단련시킬 수 있는 즐거운 트레이닝법은 없나요?"

"즐거운 트레이닝법이요? 있죠."

하반신의 탄력을 단련하는 방법은 스쿼트만이 아니다. 게다가 즐거운 트레이닝법이란 것도 모르는 바 아니다. 즐겁게 몸을 단련한다는 것, 물론 좋은 이야기다.

즐거운 트레이닝을 원한다면 스키나 스케이트 등이 최적이다. 필자의 경험으로 볼 때는 공의 비거리를 향상시키기 위해서는 스키가 가장 좋다.

나는 대학에서 스키 실습(합숙)도 담당하고 있다. 1주일 동안 매일 오전 오후 각각 2시간 30분씩 스키장에서 지도하고 있다.

사실 가르치는 것만큼 힘든 일도 드물다. 그래도 나에게는 남모르는 즐거움이 기다리고 있다. 스키 실습을 끝내고 골프를 치면 반드시 공이 안정되고 좋은 스코어가 나오기 때문이다. 스키를 탄 뒤에는 영락없이 골프 스코어가 좋다. 스키나 스케이트는 무릎을 90도에서 160도까지 구부리고 탄다. 그 각도 사이에서 '무릎을 컨트롤하면서' 자유자재로 움직인다. 어떠한 급사면의 활강이라도 거기에 맞도록 무릎 각도를 조정하면서 내려온다. 약간의 요령이 있다면 무릎을 구부렸다 폈다 하면서 변화에 대응할 수 있다.

스키의 '무릎 사용' 이야말로 공을 멀리 날려 보내기 위한 하반신 운동이다

능숙한 스키어는
무릎을 90~160도 사이에서
사용한다

160°

90°

◐ 스키와 같은 요령으로 골프에서도 '무릎을 컨트롤하면서' 치게 되면 비거리가 극대화된다.

이와 같이 무릎의 움직임을 자유자재로 컨트롤할 수 있는 사람은 스키와 스케이트를 잘 탄다. 반대로 서투른 사람은 무릎을 펴 버리기 때문에 잘 넘어진다.

나는 스키장의 급경사면에서 무릎을 단련시키기 때문에 어느 골프장에서도 밸런스를 잃는 경우가 없다.

즉 상하좌우 올라가고 내려가는 어떠한 국면에도 대응할 수 있다.

예전에 시즈오카 현(靜岡縣)의 스키 대표 선수였던 세리자와 신유(芹澤信雄) 프로는 아직까지도 동계 훈련 메뉴에 골프를 포함시킨다. 몸이 그다지 크지도 않고 근육질 타입이 아닌데도 그가 항상 프로골프 세계에서 톱 레벨을 유지할 수 있었던 것은 무릎을 중심으로 한 주위의 근육이 잘 단련되어 있었기 때문이다.

"선생님, 사실은 저 스키 1급인데요!"

"그에 비해 비거리가 안 나와요!"

"……."

내 경험으로 미루어 볼 때 장타에 눈을 뜨기 시작하면 골프가 갑자기 재미있어진다. 그러한 골프의 재미를 누리기 위해서도 어쨌든 하반신의 탄력을 단련해야 한다. 그것이 장타를 칠 수 있는 가장 빠른 지름길이다.

인간은 발부터 쇠약해진다고 한다. 사실은 무릎과 대퇴사두근이 약해지는 것이다. 골프를 위해서도, 자신의 건강을 위해서도, 하반신의 근력을 평소부터 단련시켜 두자.

| 강화 트레이닝 ② |
허리의 고속 회전으로 헤드 스피드를 향상시킨다

배꼽을 좌우로 90도 돌린다

앞에서 설명한 하반신의 탄력과 함께 허리를 빠르게 회전시키는 것도 장타를 치기 위한 큰 요소다. 허리를 빠르게 회전시키기 위해서는 복직근, 배근, 그리고 사행근이라 불리는, 배에서 등을 휘감고 있는 근육을 단련시킬 필요가 있다.

트레이닝 방법으로는 우선 복근 운동과 배근 운동이 있는데 간단하게 할 수 있다. 다만 요통이 발생하지 않도록 갑자기 무리할 필요는 없다. 복근, 배근은 모든 운동뿐만 아니라 일상생활을 하는 데도 중요한 근력이다. 장타 트레이닝도 중요하지만 건강 유지를 위해서라도 지속적으로 해야 한다.

"사행근이란 어떤 역할을 하는 근육이죠?"

"몸 측면에 있는 근육으로 몸을 비트는 역할을 하고 있죠!"

"그런 근육을 단련할 수 있나요?"

이 근육을 단련하기 위해서는 역시 허리를 고속 회전시키는 것이 가장 효과적이다. 앞에서도 설명했지만 다리를 좁히고, 어깨 넓이 정도로 스탠스를 취하고, 양손을 허리에 대고 최대한 허리를 좌우로 반복해서 돌린다.

"정말로 이 동작만으로 괜찮아요?"

"그저 허리를 대충 돌리면 효과는 없어요. 정면을 보고 배꼽이 좌우로 90도를 향하도록 힘껏 돌려야 해요."

여러분도 꼭 해 보기 바란다.

"어때요? 생각보다 힘든 운동이죠?"

"야… 힘드네."

"트레이닝은 실전과 연결되는 운동인 셈이죠!"

"타이거 우즈와 같은 레벨이라면 설명했던 위치까지 허리를 회전시켜야 하겠군요!"

"맞아요. 힘껏 돌리죠!"

타이거 우즈의 비거리를 이야기할 때 오로지 뛰어난 배근력에 대해서만 칭찬하는 경향이 있다. 그러나 사실은 몸의 굉장한 회전 스피드야말로 그 놀라운 비거리를 만들어내는 힘의 원천이다. 다음에 TV에서 볼 기회가 생기면 우즈의 허리를 유심히 관찰해 보기 바란다.

간단한 허리 회전 운동

씽씽

배꼽이 좌우 90도를
향하도록

● 완전하게 각 다리에 체중이 실리도록 허리를 빨리 회전시킨다.

스타트 전에 허리 회전 운동을 하면 비거리가 20야드 향상

"완력을 단련시켜도 안 되나요?"

"안 된다기보다는 별 효과가 없죠. 아령을 들고 힘들게 근력 운동을 할 바에는 허리를 고속으로 회전시키는 연습을 반복하는 편이 훨씬 효과가 있죠!"

"선생님, 저는 30대에 접어들면서 약간 살이 쪄서 신장은 172cm, 체중은 78kg입니다. 살이 찌게 되면 몸을 빠르게 돌릴 때 불리하죠?"

"반드시 불리하지는 않죠. 나는 현재 체중이 77kg인데 예를 들어 60kg 정도까지 줄이면 몸의 회전이 좋아지고 공이 멀리 날아가리라고 예상하지만 그렇지도 않아요."

"그래요?"

"이론상으로 정지하고 있는 공에는 질량이 있으며, 그 공을 날려 보내기 위해서는 어느 정도의 충격이 필요합니다. 이때 공에 가해지는 충격도란 체중에 비례하죠. 그러므로 어느 정도 체중이 나가는 것도 그다지 불리하지 않아요. 현재 나이 많은 골퍼 가운데 멀리 날려 보내는 사람은 대체로 몸이 크며 살이 쪘습니다. 역시 골격의 굵기와 근육의 양과는 서로 관계가 있죠."

"약간 안심이 되네요."

"그러나 살이 찌면 몸의 회전은 둔해져요."

"음······."

"그러니까 스탠스를 좁혀 회전하기 쉬운 자세를 취하면 되죠."

어쨌든 약간이라도 한가해지면 허리를 회전시키도록 노력하기 바란다. 그렇게 반복함으로써 역시 허리 고속 회전의 운동 회로가 만들어진다.

이 운동은 스타트 전의 준비 운동으로 안성맞춤이다. 스타트에 앞서 이 운동을 실시하느냐 하지 않느냐에 따라 비거리에 20야드의 차가 생긴다.

비거리 극대화를 위해 그립을 쥐는 악력의 의외의 트레이닝

지금까지 비거리 극대화를 위한 트레이닝으로 하반신의 탄력을 단련시키는 훈련과 허리를 고속 회전시키는 훈련에 대해서 이야기했다. 여기에 또 한 가지 추가한다면 악력이 필요하다.

"선생님께서는 클럽을 쥐는 방법에 대해서 손안에 작은 새가 있다고 가정하고 그 새가 죽지 않을 정도로 쥐어야 한다고 하셨죠? 그것과 악력을 가하는 것과는 모순이지 않나요?"

"전혀 모순이 아니에요. 악력은 강할수록 좋아요."

"어쩐지 점점 이해하기가 어려워지는데요."

"악력이 강한 사람이 부드럽게 그립을 쥘 수 있죠. 이 정도 이야기하면 알겠어요?"

"어떻게 그렇습니까?"

"악력이 약한 사람일수록 강하게 쥐는 경향이 있어요."

악력과 운동 퍼포먼스 사이에는 상당한 상호 관계가 있다. 볼을 사용하는 운동 종목 전반에 걸쳐 악력이 강한 사람일수록 높은 운동 능력을 발휘한다.

"그렇습니까? 그럼 악력 트레이닝을 어떤 식으로 하면 좋을까요?"

"너무 광범위하게 생각하지 말아요. 고무공이나 정구공을 사용하여 꽉꽉 쥐어 주는 것만으로도 악력은 좋아져요."

"간단하네요!"

"맞아요. 간단하긴 합니다. 그런데 대부분의 사람들이 작심삼일이죠!"

"그렇다면 열심히 쉬지 않고 할게요."

"모두들 처음에는 그렇게 이야기하죠!"

"……."

"간단히 고무공이나 정구공을 쥐는 것이므로 트레이닝이라고 생각하지 말고 편안한 마음으로, 예를 들어 목욕탕의 욕조에서 쥐는 연습을 해도 좋겠지요."

악력이 강한 사람일수록 부드럽게 그립을 쥘 수 있다. 이점을 꼭 명심해 두자.

'릴랙제이션 트레이닝'에 의해 장타의 리듬과 감각이 내 것이 된다

지나친 힘 주기에 의한 빗맞는 공과는 굿바이

"선생님, 릴랙제이션이란 무엇이죠?"

"한마디로 말하면 바른 자세를 유지하면서도 몸 전체에서 불필요한 힘이 빠져 있는 상태를 말해요"

"어째서 힘을 빼는 트레이닝이 필요하죠?"

"힘을 빼지 않으면 공을 멀리 날려 보낼 수 없고 샷도 불안정해져요. TV에서 골프 경기를 관전하다가 해설자가 '지금의 샷은 어깨에 힘이 들어가 있었기 때문에 빗맞았군요!'라고 말하는 것을 들은 적 있나요?"

"예!"

"불필요한 힘을 뺀 상태에서 어드레스 동작을 취하면 팔과 어깨의 근육이 이완된 이상적인 상태로 테이크 백 동작으로 전환할 수 있죠. 그러면 지나치게 힘을 주어 빗맞는 일이 적어지죠."

팔과 어깨에 불필요한 힘이 남아 있으면 백 스윙이나 다운 스윙을 할 때 팔이 채찍과 같이 부드럽게 움직이지 못한다.

몸에 지나치게 불필요한 힘이 들어가서 괴로워했던 분들이 있을 것이다. 그런 분들에게 힘을 빼라고 지도해도 쉽게 고쳐지지 않는다.

이럴 때는 힘을 빼는 트레이닝, 곧 릴랙제이션 트레이닝을 해야 한다.

예를 들어 달리기라도 자기가 하기에 따라 릴랙제이션 트레이닝이 될 수 있다.

경쟁하듯 이를 악물고 주먹을 불끈 쥐고 달리는 것이 아니라 양손을 축 늘어뜨리고 어깨를 상하로 흔들면서 달린다. 이 동작만으로도 간단한 릴랙제이션 트레이닝이 완성된다.

릴랙제이션 트레이닝을 실시할 때 염두에 두어야 할 점은 우리들의 모든 동작에는 강약의 리듬이 있다는 점이다. 결국 불필요한 힘을 빼는 것은 강약의 리듬을 만들어 내기 위함이다. 앞에서 설명했듯이 일련의 스윙 동작은 어드레스 동작 때 '약'으로 시작되어 와인드 업(테이크 백) 동작에는 '강', 최고 정점에서 전환할 때는 '약', 다운 스윙부터 임팩트에 걸쳐서는 '강', 최종적으로 팔로우 스루에서는

'약' 으로 끝난다.

"구체적으로 어떤 트레이닝이 좋을까요?"

"맨손 체조를 하면 돼요!"

맨손 체조는 누구라도 할 수 있고, 누구든지 하고 있다. 맨손 체조에는 우리들의 기본 동작 거의 대부분 포함되어 있다. 그러나 정확히 강약의 리듬을 타면서 맨손 체조를 하는 사람은 거의 없다. TV 방송 중 맨손 체조 선생님이 하는 것을 본 적이 있는가?

발랄하게 강약의 장단을 맞추면서 하고 있을 것이다. 이 것이 바로 강약의 리듬이다. 과거 학생 시절에 지루하게 해 왔던 맨손 체조가 아닌, 리듬에 몸을 맞추는 '발랄한 맨손 체조' 가 필요하다.

각각의 동작에 정확한 강약의 리듬을 주면서 맨손 체조를 한다면 바로 훌륭한 릴랙제이션 트레이닝이 완성된다. 이 트레이닝에서는 어려운 것을 할 필요가 전혀 없다.

"간단한 게 최고란 말씀입니까?"

"그래요."

어떠한 심플한 동작에도 강약의 리듬이 살아 있다. 예를 들어 평상시대로 서서 만세를 하는 듯한 동작을 해 보자. 이 동작은 손을 올렸다 내리는 두 가지 동작으로 이루어져 있다. 손을 올릴 때는 팔에 힘을 넣고, 반대로 내릴 때는 힘을 뺀다. 이 동작을 강약의 악센트를 주어 반복하다보면 리듬을 느낄 수 있다.

"그러니까 맨손 체조의 모든 동작이 강약에 따라 이루어져 있다는 거죠!"

"맞아요. 리듬으로 강약을 살려서 맨손 체조를 하다 보면 스윙도 리듬을 타면서 자연스럽게 이루어지죠!"

"매일 실시하는 것이 중요하죠?"

"그래요. 매일 하는 것이 무엇보다 중요하죠. 유감스럽게도 우리들 인간은 모처럼 몸에 익힌 감각도 반복하지 않으면 쉽게 잃어버리고 말아요!"

"매일 함으로써 강약의 리듬감을 몸으로 익히고, 운동 회로로서 대뇌에 기억시키는 거죠."

"거기까지 알면 당신도 금방 리듬감이 넘치는 스윙을 터득할 수 있어요. 그러면 팔을 채찍처럼 휘두르는 스윙을 할 수 있게 되지요!"

팔을 흔들흔들 흔드는 것만으로도 긴장은 풀어진다

연습장에 오는 사람을 잘 관찰해 보면, 대체로 준비 운동이나 보조 운동을 하지 않고 곧바로 클럽을 쥐고 타석에 선다. 다 치고 난 뒤에는 정리 운동도 하지 않고 곧바로 돌아간다. 몸을 돌보려는 의식 따윈 전혀 없다. 결국 몸만 불쌍할 따름이다.

"사실 저도 그런 사람 가운데 한 명입니다."

"역시 그렇군!"

간단한 릴랙제이션—런닝

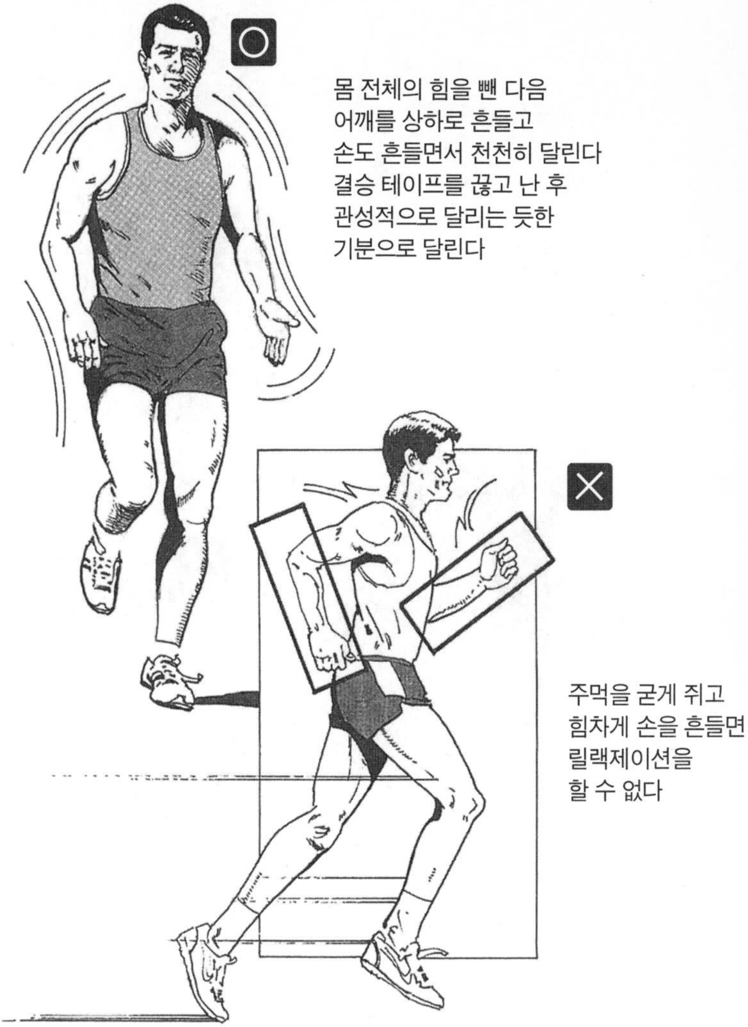
O
몸 전체의 힘을 뺀 다음
어깨를 상하로 흔들고
손도 흔들면서 천천히 달린다
결승 테이프를 끊고 난 후
관성적으로 달리는 듯한
기분으로 달린다
X
주먹을 굳게 쥐고
힘차게 손을 흔들면
릴랙제이션을
할 수 없다

'릴랙제이션 트레이닝' 은 전신의 리듬감을 높이고 힘을 빼는 것을 목적으로 한다.

간단한 릴랙제이션—체조법①

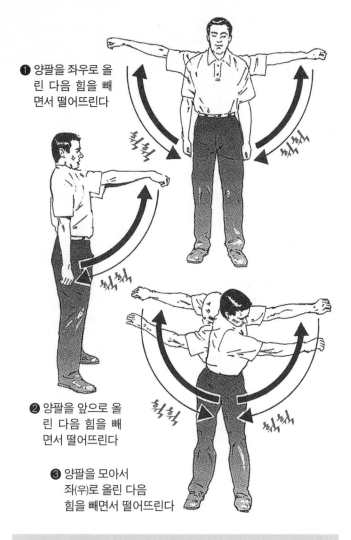

❶ 양팔을 좌우로 올린 다음 힘을 빼면서 떨어뜨린다

❷ 양팔을 앞으로 올린 다음 힘을 빼면서 떨어뜨린다

❸ 양팔을 모아서 좌(우)로 올린 다음 힘을 빼면서 떨어뜨린다

◑ 강약의 장단을 맞춤으로써 스윙의 리듬감이 길러진다. 플레이에 앞서 실시하는 것도 효과적.

간단한 릴랙제이션—체조법②

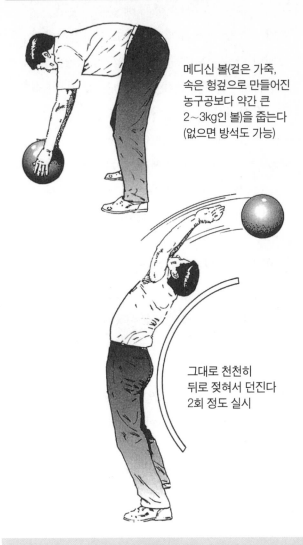

메디신 볼(겉은 가죽,
속은 헝겊으로 만들어진
농구공보다 약간 큰
2~3kg인 볼)을 줍는다
(없으면 방석도 가능)

그대로 천천히
뒤로 젖혀서 던진다
2회 정도 실시

◑ 릴랙제이션 효과와 함께 배근력이 생겨 자세가 좋아지는 효과도
있다.

플레이 전의 준비 운동은 체온을 서서히 높여 근육을 풀어 주거나 순환기 기능을 좋게 해 준다.

"준비 운동도 플레이의 일부라고 생각합시다. 이것을 하면 플레이 감도(感度)도 높일 수 있지요. 예를 들어 플레이 전에 강약의 리듬을 의식한 맨손 체조를 하게 되면 전신에 리듬감을 상기시킬 수 있어요. 이 전신의 리듬감이 그 뒤 플레의 스코어에 좋은 영향을 미치죠."

릴랙제이션은 플레이 전후에만 실시하는 것이 아니다.

야구팬이라면 왕년의 명투수인 카네다 마사이치(金田正一) 선수가 마운드 위에서 왼팔을 높이 들어올려 팔 전체를 흔들흔들 흔들고 있는 장면을 기억하고 있을 것이다. 필자도 당시에는 어째서 저런 동작을 하고 있는 것인지 이상하게 여겼다. 그러한 동작을 함으로써 그는 팔에 진동을 주고 투구에 의한 원심력에 의해서 손끝에 모인 혈액의 순환을 원활하게 하거나 굳어진 근육을 풀고 있었던 것이다. 그것도 릴랙제이션 트레이닝이다.

"최근에는 요미우리 자이언트의 쿠도키미야스(工藤公康) 투수가 공수 전환을 할 때 마운드에서 내려오면서 비슷한 몸짓을 하지요."

"두 선수의 공통점은 투수 생명이 길다는 점이다. 역시 몸속에 기력이 넘쳐나기 때문이다."

"정말이네요. 약간은 본받아야겠네요!"

"약간이 아니라 좋다고 생각되는 점은 자꾸 본받으세

요!"

나는 배구 감독으로서 학생 선발 팀을 이끌고 외국 시합에 출전할 때는 반드시 수영장이 있는 호텔에 숙박한다. 호화로운 호텔을 원해서가 아니라 오전 중에는 연습을 하고 점심 식사 후에는 수영을 시키기 위해서다. 트레이닝이라기보다는 놀게 한다. 이때도 경쟁하듯 수영을 시키지 않는다. 어디까지나 릴랙제이션 트레이닝이다. 그 뒤에는 휴식을 취하게 하고 시합장으로 향한다.

이렇게 함으로써 1주일 이상 해외 원정을 해도 선수들에게 피로가 쌓이지 않고 부상자도 생기지 않는다. 반대로 수영장이 없는 곳에서 숙박하면 선수들은 피로가 쌓여 생각지도 못한 부상을 입기도 한다.

갖고 있는 기술이 최대한으로 발휘될 수 있다

필자는 예전에 다카하시 카츠나리(高橋勝成) 프로와 하가와 유타카(羽川豊) 프로 등이 합숙할 때 릴랙제이션 트레이닝을 지도한 적이 있다.

그들 정도의 수준에 도달하면 정말로 훌륭한 기술을 갖고 있다. 근력을 제로에 가까운 상태로 만든 다음 긴장을 풀면 자유자재로 기술을 발휘할 수 있다.

필자가 지도한 내용은 다음의 4가지다.

① 긴장을 풀고 있을 때와 그렇지 않을 때 기술은 어떻게 발휘되며 어떻게 달라지는가.

② 골프에 있어서는 리듬감이 상당히 중요하다는 것을 명심하자.

③ 릴랙제이션에 의해 힘을 뺌으로서 운동 회로가 최고의 상태가 된다.

④ 자신의 보디 이미지를 파악함으로써 근육 감각이 예민해진다.

이 4가지를 주입시키면서 그들과 같이 걷고 뛰고 골프를 하며 트레이닝을 시켰다.

다카하시 프로는 트레이닝 직후에 시작된 매치 플레이 선수권에서 점보 오자키 프로와 최종 홀까지 우승을 놓고 접전한 결과 우승을 차지했다. 필자가 지도한 트레이닝이 얼마만큼 우승에 공헌했는지는 잘 모르겠지만 다카하시 프로의 우승은 필자의 일인 양 기뻤다.

하가와 프로는 미국 마스터즈 대회에서 15위에 머물렀지만 귀국 후 더욱 열심히 해야겠다는 말과 함께 웨이트 트레이닝을 시작했다. 웨이트 트레이닝은 근육을 강화하는 운동으로, 반드시 릴랙제이션 트레이닝과 함께 해야 한다. 그렇지 않으면 근육과 신경 감각이 둔해져 서투른 스윙이 될 우려가 있다.

하가와 프로의 경우 근력 트레이닝을 지나치게 열심히

한 나머지 본래 그가 가지고 있었던 퍼트의 섬세함, 샷의 정확성 등에 이상이 생겨 이것저것 고민하게 되었다. 나는 그런 문제로 고민 중이던 하가와 프로를 만나게 되었고, 릴랙제이션 트레이닝을 도입하여 트레이닝을 지도했다.

"골프와 같은 멘탈적인 스포츠에서는 릴랙제이션 트레이닝의 역할이 상당히 중요하군요!"

"맞아요. 프로도 그런 경우가 있기 때문에 아마추어들도 맨손 체조와 같은 간단한 트레이닝이라도 꼭 실천에 옮겼으면 해요."

앞으로 릴랙제이션 트레이닝도 플레이의 일부분이라 생각하고 적어도 플레이가 시작되기 전에 맨손 체조를 하며, 플레이 도중에는 카네다 투수나 쿠도 투수와 같이 팔을 흔들어서 팔의 긴장을 풀어 주면 좋다. 이와 같은 릴랙제이션 트레이닝을 실천하는 것만으로도 여러분들의 스코어에 반드시 좋은 결과가 나타날 것이다.

스윙의 근력과 파워를
오래 유지하는 정리 트레이닝

홀 아웃된 후 목욕탕으로 직행하는 것은 잘못

스쿼트 운동 등의 강화 트레이닝과 릴랙제이션 트레이닝을 균형 있게 실시함으로써 비거리를 효율적으로 향상시킬 수 있다.

그런데 운동의 세계에서는 한 가지 더 중요한 트레이닝이 있다. 플레이를 마친 뒤의 정리 트레이닝이 그것이다.

아침부터 하루 종일 코스에서 플레이한 뒤의 근육은 뭉쳐 있으며 긴장하여 수축되어 있다. 또 운동에 의해 체내에 많은 젖산이 쌓여 있다.

이러한 몸 상태를 그대로 방치하면 근육통이 생기거나 피로가 쌓인다.

일반적으로 스트레칭이나 쿨 다운이라는 트레이닝을 실

시함으로써 플레이 이전 상태로 몸을 회복시킨다. 이 트레이닝을 실시하지 않으면 근육의 활발한 움직임이 떨어져 최고 컨디션의 운동 감각을 오래 유지할 수 없게 되어 결과적으로 공의 비거리를 향상시킬 수 없게 된다.

스트레칭에는 '동적'과 '정적'이 있다

지금까지 소개한 릴랙제이션 트레이닝은 '동적 스트레칭'에 해당된다. 잠자고 있는 감각을 불러일으켜 민첩하게 만드는 트레이닝이다.

플레이 이후에는 '정적 스트레칭'이 필요하다. 이것이 일반적으로 이야기하는 '스트레칭'인데 아무래도 잘못 이해하고 있는 듯싶다. 이것을 플레이 전이나 연습장에서의 준비 운동으로 하는 분들을 자주 발견할 수 있다.

그러나 정말로 효과를 얻기 위해서는 플레이가 끝난 후, 즉 근육을 사용한 후에 실시해야 한다.

여러 가지 '정적 스트레칭' 중에서 특히 골프 경기가 끝난 후에 실시하면 적당하다고 생각되는 동작을 그림으로 표현했다.

게임이 끝난 후 바로 사우나에서 땀을 빼고 싶다든가, 목욕을 한 후 맥주 한 잔을 마시고 싶다든가 하는 기분이 들겠지만 반드시 사우나나 목욕탕에 들어가기 전에 실시하기 바란다.

또 한 가지, 다른 스포츠에서는 상식적인 일이지만 골퍼들에게는 잘못 알려진 것이 있다. 그것은 게임이 끝난 후의 따뜻한 목욕이다. 하지만 하루 종일 경기로 인해 온도가 높아진 근육을 쿨 다운하기 위해서는 차가운 샤워를 하는 편이 바람직하며 그렇게 해야 피로가 다음날까지 쌓이지 않게 된다.

예전에는 프로 야구의 투수가 시합 후에 아이싱을 한 적이 없었으며, 오히려 따뜻하게 어깨 부위를 찜질했다. 그 이유는 어깨를 차갑게 해서는 안 된다고 생각했기 때문이다. 그러나 요즘은 그와 반대로 얼음찜질을 하고 있다.

간단한 정적 스트레칭─무릎 뒤쪽을 편다

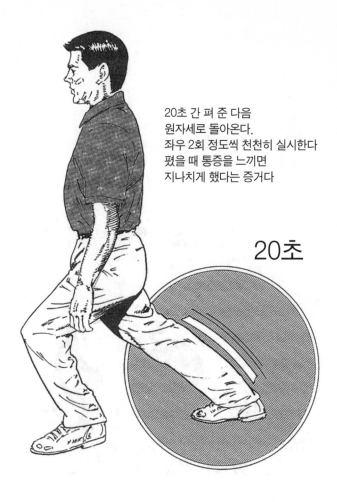

20초 간 펴 준 다음
원자세로 돌아온다.
좌우 2회 정도씩 천천히 실시한다
폈을 때 통증을 느끼면
지나치게 했다는 증거다

20초

⬤ 정적 스트레칭은 플레이 후 피로에 의해 수축된 근육을 펴
주는 것이 목표. 목욕 전에 실시하면 피로가 쌓이지 않는다.

비거리 극대화를 위한 정리 트레이닝
간단한 정적 스트레칭—배근을 편다

왼발을 앞으로 교차시키고
오른손이 왼쪽 앞 방향으로
내려오도록 몸을 비튼다.
20초 간 계속해서
천천히 원위치로 되돌린다

20초

반대편도
20초 간 계속해서
천천히 원위치로 되돌린다.
좌우 2회 정도씩 실시한다

20초

간단한 정적 스트레칭—어깨와 팔을 편다

어깨보다 약간 높은 벽에
손을 대고 벽에 붙은 손이
움직이지 않도록 한 다음,
천천히 허리를 내리면서
어깨와 팔을 편다
20초 간 계속해서 천천히
원위치로 되돌린다
좌우 2회씩
실시한다

20초

간단한 정적 스트레칭 ─ 어깨를 편다

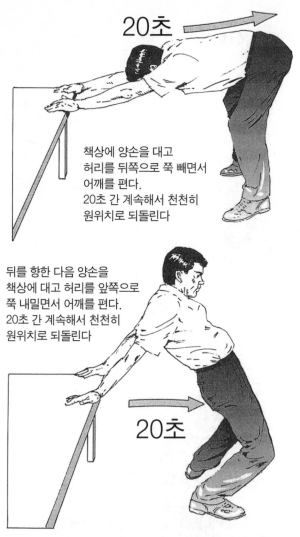

20초

책상에 양손을 대고 허리를 뒤쪽으로 쭉 빼면서 어깨를 편다. 20초 간 계속해서 천천히 원위치로 되돌린다

뒤를 향한 다음 양손을 책상에 대고 허리를 앞쪽으로 쭉 내밀면서 어깨를 편다. 20초 간 계속해서 천천히 원위치로 되돌린다

20초

(사십견(四十肩), 오십견(五十肩) 예방에도 좋다)

비거리 극대화를 위한 정리 트레이닝

간단한 정적 스트레칭―고개를 편다

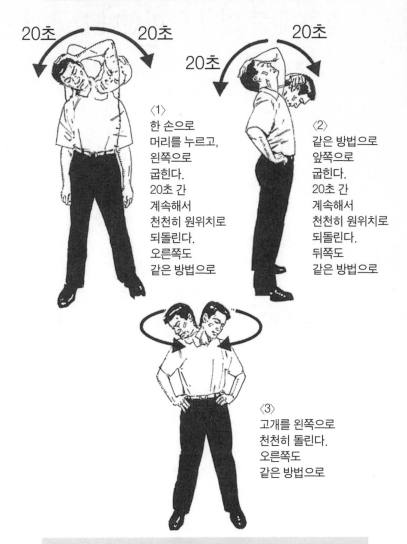

20초　20초　20초

〈1〉
한 손으로
머리를 누르고,
왼쪽으로
굽힌다.
20초 간
계속해서
천천히 원위치로
되돌린다.
오른쪽도
같은 방법으로

20초

〈2〉
같은 방법으로
앞쪽으로
굽힌다.
20초 간
계속해서
천천히 원위치로
되돌린다.
뒤쪽도
같은 방법으로

〈3〉
고개를 왼쪽으로
천천히 돌린다.
오른쪽도
같은 방법으로

◎ 〈1〉 〈2〉 〈3〉 각 스트레칭을 2회 정도씩 실시한다.

멘탈 트레이닝은
스윙에 큰 영향을 미친다

'자기 긍정 스코어 카드'를 작성해 보자

"선생님, 우리들 같은 아마추어는 긴박한 시합에 참가할 일이 없으니까 멘탈 트레이닝(심리적 기술 훈련) 따윈 필요 없지 않나요?"

"그렇지 않아요. 아마추어도 멘탈 트레이닝은 필요하죠. 예를 들어 맨 처음 1번 티에서 드라이버 샷이 나쁘면 그것이 계속 마음에 걸리지 않나요? 3퍼트의 미스를 범하면 실망하죠?"

"꽤 실망하죠!"

"타이거 우즈는 미스 샷을 범하면 5걸음 걸어서 잊으려고 한답니다. 그는 그러한 행동을 멘탈 트레이닝 전문 심리학자에게 배웠다고 해요."

멘탈 트레이닝에는 2가지 요소가 있다.

한 가지는 자기 자신을 항상 긍정적으로 생각하고 항상 좋은 이미지를 추구하는 것이다.

타이거 우즈는 미스 샷은 5걸음 걸어서 잊어버려서 다음 샷에 악영향이 가지 않도록 한다. 그 샷은 어쩔 수 없다, 깨끗이 잊자. 그리고 '나는 잘 친다'라고 자기 최면을 건다.

오늘부터 자기 자신을 긍정적으로 생각하면서 골프를 해보자. 실수나 실패를 계속 마음속에 담고 있으면 곧 그러한 요인들이 자기 부정으로 되돌아오게 된다.

"분명히 나의 샷은 미스의 연속이므로 미스를 계속 하다 보면 끝이 없어요. 그래도 미스를 줄일 방법은 있습니까?"

"자기 긍정 스코어 카드를 만들어 보세요."

"자기 긍정 스코어 카드는 어디가면 살 수 있죠?"

"어디에도 판매하지 않죠. 자기가 실천하고 있는 스코어 카드의 활용법인 셈이죠!"

필자는 보통 스코어 카드에 좋은 것만 기입하고 있다. 1번 홀에서 드라이버가 나이스 샷이었다면 스코어 카드에 '1W', 2번 홀에 좋은 퍼트가 들어가 버디로 끝났을 경우에는 'P(퍼트)'와 같이 '자기 긍정'을 기입한다. 그리고 라운드를 끝내고 나서 스코어와는 별도로 '자기 긍정'의 수(數)를 센다. '오늘은 7개의 자기 긍정을 했어. 다음에는 자기 긍정을 10개로 늘리자'고 즐거운 상상을 해 보라.

만일 이와는 반대로 플레이 후 목욕을 하면서도 '거기

연못에 퐁당! 거기에서의 트리플 보기, 거기에서의 OB, 아, 분하다!' 라고 실수한 기억을 다시 생각해 낸다면 어떤 득이 있을까? 그렇게 해서는 무엇 때문에 골프를 했는지 아무런 의미가 없어진다.

자기 긍정 수를 늘리려고 의식하면 실력이 반드시 향상된다.

그것을 강하게 의식하는 것이 골프 향상의 첫걸음이다.

단기-중기-장기의 목표 설정

멘탈 트레이닝의 두 번째 중요한 요소는 목표 설정에 있다. 그리고 항상 목표를 향하고 있는 자신을, 또한 목표를 뛰어넘으려는 자신을 의식하는 일이 중요하다.

"목표 설정을 하려고 하는데 어떻게 하면 좋은가요?"

"골프뿐만 아니라 어떠한 경우에도 목표 설정을 해야 하며 그것을 향해서 일 보, 일 보 전진해 가는 것이죠. 우선 단기(1년 앞), 중기(2년 앞), 장기(3~5년 앞) 등으로 나누고 각각 목표를 만들어야 합니다."

"자기가 만든 단기, 중기, 장기 목표대로 되고 싶다고 생각하는 자신을 이미지하는 겁니까?"

"맞아요. 반대로 이야기하면 이렇게 되고 싶다고 생각하는 자신을 이미지할 수 있는 그 자체에서 그 사람의 정신과 심리적인 강인함을 엿볼 수 있죠!"

비거리 극대화를 위한 멘탈 트레이닝

자기 긍정 스코어 카드를 작성해 보자

OUT

HOLE	1	2	3	4	5	6	7	8	9	OUT
PAR	4	3	5	4	3	4	4	5	4	36
CHAMPION TEE	417	182	535	342	215	413	433	531	371	3439
BACK TEE	386	167	503	313	190	394	402	500	350	3205
FRONT TEE	366	147	477	293	159	353	379	471	321	2966
LADY'S TEE	308	132	447	283	135	324	351	448	301	2729
	5	2	6	4	4	6	4	5	5	41
	1W		7I			벙커 우쪽~			나	
		8m 성공 P								
HDCP	11	17	1	7	15	5	9	3	13	

결과는 보기였으나
아침 첫 드라이버가
나이스 샷

긴 퍼트를
노렸던 대로
칠 수 있어서
버디

2타째인
7번 아이언이
핀에 바짝 붙었다

깊은 벙커에서
능숙하게
나왔다

오늘 하프 라운드에서
자기 긍정이 4타!

"예를 들어 어떤 이미지를 설정하죠?"

"본인의 의욕 수준, 기술 수준 등에 따라 중기–장기의 목표 설정에 포함되는 것은 여러 가지입니다. 예를 들자면 단기 목표로는 스코어 100 깨기, 7번 아이언 마스터하기, 중기 목표로는 80타로 라운드하기, 페이드 볼과 드로우 볼 구별해서 치기, 장기 목표로는 싱글 되기 등입니다."

모든 일이 하루 이틀에 될 수는 없다. 또 라운드 경험을 많이 쌓아도 좋은 스코어가 나오지 않아 "내 실력이 점점 떨어지는 거 아냐?"라고 의심할 수도 있다.

그러나 그러한 슬럼프 상태일 때도 그 상황에 맞는 목표 설정이 이루어지면 "좋아! 이 목표는 최저한으로 달성하자."라고 회복할 수 있는 계기가 될지도 모른다.

모든 일이 경험을 쌓고 경험을 토대로 한 노하우를 대뇌에 기억하면서 점점 발전해 간다.

그 다음으로 중요한 점은 자신이 현재 어떠한 상태인가를 생각해 보는 것이다. 모든 일에는 발전해 가는 곡선(커브)이 있다. 운동에 있어서도 모두 마찬가지다. 그 곡선이란 일직선을 그리면서 상승 또는 하강해 가는 것이 아니라 곡절(曲折)의 움직임을 따라서 진행해 간다.

말할 필요도 없이 초보자일수록 이 흔들림이 크며, 중급과 상급으로 올라감에 따라 움직임의 폭이 적어진다. 또한 초보자일수록 향상 곡선은 갑자기 상승하며, 상급자일수록 원만하다.

'향상 곡선'을 알고 있으면 고생하지 않는다

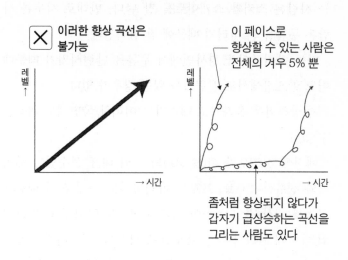

☒ 이러한 향상 곡선은
불가능

레벨 ↑

→ 시간

이 페이스로
향상할 수 있는 사람은
전체의 겨우 5% 뿐

레벨 ↑

→ 시간

좀처럼 향상되지 않다가
갑자기 급상승하는 곡선을
그리는 사람도 있다

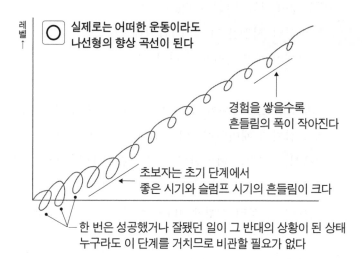

레벨 ↑

◯ 실제로는 어떠한 운동이라도
나선형의 향상 곡선이 된다

경험을 쌓을수록
흔들림의 폭이 작아진다

초보자는 초기 단계에서
좋은 시기와 슬럼프 시기의 흔들림이 크다

한 번은 성공했거나 잘됐던 일이 그 반대의 상황이 된 상태
누구라도 이 단계를 거치므로 비관할 필요가 없다

"아무래도 전혀 향상되지 않아!"

"예전에는 잘했는데 지금은 전혀 아니야!"

"이런 연습은 쓸데없어!"

이와 같이 슬럼프에 빠진 분들은 아마 향상 곡선이 막 하강하는 시기일 것이다. 하강 부분 없이 향상 곡선만을 그리는 사람은 전체의 겨우 5%에 지나지 않는다.

하강 국면은 당신만이 겪는 것이 아니므로 꾸준히 연습하면 반드시 빠져나올 수 있다.

목표를 설정하고 그렇게 되고 싶다고 상상한다. 이렇게 자기 최면을 걸면 당신은 거기에 도달하기 위한 첫발을 내딛는 것이 된다.

오른손으로 공을 던지는 것부터
시작하는 비거리 극대화를 위한
육성 프로그램

특 별 공 개

● 이하는 대학에서 가르치는 실제 골프 실기 지도를 재현한 내용이다.

1장에서 '코치학' 을 설명했다.

골프 책은 '코치학' 의 이론에 따르고 있다.

배구 세계에서 어느 팀의 감독이 20년 만에 가까스로 우승을 했다. 그리고 다음해 선수들에게 "나는 우승팀을 만드는 데 20년 걸렸다. 다음 우승까지 20년은 걸릴 것이다!" 라고 했더니 선수들이 모두 그만두었다.

20년 간 파악해 온 팀 강화의 법칙을 얼마나 빠르게 같은 모양으로 재현하는가. 이것이 지도의 과학성이며 '코치학' 인 것이다.

이 코치학에 따르면 스윙의 기본은 골프공을 밑에서부터 던지는 데 있다. 이것이 필자의 지론이다. 특히 초보자가 골프 스윙을 알기 위해서는 밑에서 던지는 연습부터 시작하는 것이 가장 바람직하다. 그런데 실제로는 갑자기 양손으로 그립 쥐는 방법을 가르친 다음 클럽 헤드의 최고 정점의 위치를 가리키며 '자! 부드럽게 스윙해 보세요!' 라고 지도한다. 이러한 상황에서 시작하기 때문에 공을 맞힐 수 없으며, 그로 인해 적당히 스윙을 하여 맞히려고 한다. 그 결과 '마음껏 휘두르다' 라는 스윙의 가장 중요한 포인트를 몸으로 익힐 수 없다.

참고로 나는 오른손을 사용한 골프공 던지기부터 수업을 시작한다.

제1단계

① 골프 공 1개만을 오른손에 들고 연습장 타석에 선다.

② 평상시 치는 자세로 매트 위에 선다. 양발은 어깨 넓
이로 벌린다.

③ 야구의 언더 스루 형태로 골프공을 전방의 과녁을 향
해서 던진다. 이때 오른팔을 잘 흔들어 정확하게 체중
을 이동시키면서 던지도록 한다.

약 20회 정도 실시한다.

제2단계

① 오른손에 공이 있다고 가정하고, 오른손 한 손으로 골
프 클럽(피칭 웨지)을 잡는다. 피칭 웨지가 없으면 7번
아이언도 좋다.

② 오른손으로 골프 클럽을 잡을 때는 샤프트와 악수하
듯이 잡고 그립을 감싸듯 쥔다. 이른바 야구그립.

③ 왼팔은 사용하지 않기 때문에 등에 돌려놓든지 아니
면 오른팔의 상완부에 살짝 올려놓는다.

④ 제1단계의 언더 스루와 같이 오른손 한쪽으로 클럽을
흔들어 클럽 헤드의 중량을 느끼면서 티업 한 공을 친
다. 이때 클럽 헤드는 허리 높이까지 오면 된다.

약 20회 정도 실시한다.

내가 이야기하고 싶은 내용은 여기까지다. 여기에는 스

윙 기본의 모든 것이 들어 있다.

"선생님, 골프공을 손으로 들고 던집니까?"

"선생님, 오른손 한 손으로 칩니까?"

골프를 해 본 적이 없는 사람이라도 클럽은 좌우 양손으로 쥐는 것이라는 정도는 누구라도 알고 있다. 그런데 그것을 오른손 한 손으로 치라고 지도했으니 학생들이 놀라는 것은 당연하다.

사실은 앞에서도 설명했듯이 양손으로 그립을 쥐고 치는 것은 어렵다. 양손으로 그립을 쥐면 좌우 각각의 기능을 가진 팔이 하나가 된다. 이것을 코디네이션(coordination / 협응동작(協應動作))이라 하는데 처음부터 좌우 팔의 기능이 다르기 때문에 효과적으로 컨트롤 할 수 없다.

예를 들어 약간 떨어진 휴지통에 휴지를 던질 때는 반드시 한 손, 그것도 주로 사용하는 팔로 밑에서부터 던져 넣으려고 한다. 시험 삼아 양손으로 던져 보자. 결과는 휴지통 주변이 전부 휴지로 쌓이게 될 것이다.

그렇기 때문에 필자는 오른손만의, 즉 오른손 주도의 스윙으로 수업을 시작한다.

어쨌든 오른손만으로 공을 치게 한다. 그렇게 함으로써 손을 크게 흔들지 않으면 공은 멀리까지 날아가지 않는다는 것을 배우게 된다.

공을 친다는 것이 어떤 의미인가를 실제로 느낄 수 있게 된다. 이것이 가장 중요하다. 그 결과 스윙이란 오른손 주도로 휘두르는 것임을 자연스럽게 몸으로 익힐 수 있다. 비거리의 극대화를 위해서는 몸을 비틀어서 스윙을 큰 동작으로 취해야 한다는 것임을 알게 된다. 스윙 동작의 크고 작음에 따라 공의 비거리가 달라진다는 것도 함께 알게 됐으면 좋겠다.

이와 같이 연습을 하다 보면 가끔 공이 잘 날아가 정확하게 과녁에 명중하곤 한다. 오른손만으로도 정확한 스윙이 나왔으므로 기분 좋은 일이다. 이때 그들은 분명히 힘을 빼고 부드러운 스윙 동작으로 정확한 궤도를 그리면서 공을 쳤다는 것을 느낄 것이다.

이러한 단계를 거치면서 스윙의 기초를 감각적으로 자연스럽게 익혀 나간다.

제3단계

① 왼손을 오른손에 놓는다(왼손 엄지가 그립의 마크 위에 올 정도로). 드디어 양손으로 골프 클럽을 쥐고 친다. 이때도 들어올린 클럽 헤드의 높이는 허리 높이까지 올 정도로 한다.

② 그립 앤드와 몸 사이에는 주먹 한 개 반 크기의 간격을 띄워 놓는다.

③ 클럽이 지면에 닿지 않는 사람은 상체가 아닌, 무릎을 굽혀서 조정한다. 무릎을 굽히는 방법을 모르면 그 자리에서 가볍게 점프하여 지면에 내려왔을 때의 무릎

각도 정도로 굽히면 된다.

④ 제2단계와 같이 티업한 공을 친다.

　한 구 한 구 공의 위치와 발을 맞출 것. 클럽을 공에
맞히지 말고

"용기를 갖고 남자답게 힘껏 휘둘러!"

　오른손 주도로 시작한 연습은 초보자에게만 효과가 있는
것은 아니다. 앞에서도 설명했듯이 이 방법은 스윙의 기본
이라 말할 수 있다. 중급자와 상급자도 자신의 스윙에 문
제가 생기면 오른손 한 손으로 스윙을 해 보자. 문제의 원
인이 명확하게 밝혀진다.

비거리 극대화를 위한 육성 프로그램
제1단계

오른손으로 골프 공을 들고 과녁을 향해서 언더 스루로 던진다

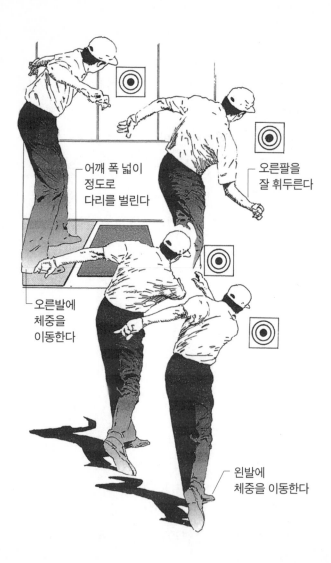

어깨 폭 넓이
정도로
다리를 벌린다

오른팔을
잘 휘두른다

오른발에
체중을
이동한다

왼발에
체중을 이동한다

비거리 극대화를 위한 육성 프로그램
제2단계

오른손으로 클럽을 잡고 클럽 헤드의 중량을 느끼면서 공을 친다

왼손은 오른손 상완부에
살짝 올려놓는다

오른손으로 샤프트와
악수하듯 잡고
그립을 감싸듯 쥔다

제1단계의 공을 던지는 것과 같
은 타이밍으로 유연하게 손을
휘둘러 공을 쳐 날린다

무릎을 펴지 말고
구부린 각도를 유지한다

비거리 극대화를 위한 육성 프로그램 제3단계

왼손을 올려놓고 양손으로 클럽을 잡고
제2단계와 마찬가지로 공을 친다

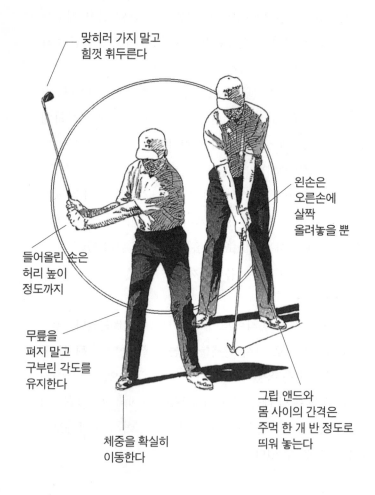

맞히러 가지 말고
힘껏 휘두른다

왼손은
오른손에
살짝
올려놓을 뿐

들어올린 손은
허리 높이
정도까지

무릎을
펴지 말고
구부린 각도를
유지한다

그립 앤드와
몸 사이의 간격은
주먹 한 개 반 정도로
띄워 놓는다

체중을 확실히
이동한다

지은이 ㅣ 카와이 타케시(川合武司)

'빨리 달린다, 멀리 던진다, 표적을 놓치지 않는다.' 운동에는 모두 이와 같은 법칙이 있다.
골프도 예외는 아니다. 골프를 '기술'이 아닌 '스포츠'로 받아들이는 자신만의 눈으로 골퍼
한 사람 한 사람의 신체 능력을 최대한으로 끌어내어 놀랄 만한 비거리를 직접 입증해
보였다. 1939년 동경 태생으로 쥰텐도 대학 체육학부를 졸업한 뒤 현재 쥰텐도 대학 스포츠
건강 과학학부 교수로서 골프, 배구 실기와 코치학, 스포츠 지도론 강의를 담당하고 있다.
츠쿠바 대학, 오차노미즈 여자대학, 메이지 대학, 사이타마 대학의 강사를 역임하였으며
일본체육학회 평의위원을 맡고 있다. 배구 선수 시절에는 1963년도 국민체육대회
(동경도교육팀)에서 2위를 기록했으며 쥰텐도 대학 배구부 감독으로 1982년
전일본대학선수권대회 우승과 칸도 대학 1부 리그 4연패를 달성했다. 골프 최고 스코어는
70(33 · 37), 드라이버 비거리는 현재 260~270야드를 기록하고 있다.

옮긴이 ㅣ 김영석

동아대학교 체육대학 체육학과를 졸업했다. 일본 쥬쿄(中京) 대학과 동대학원 체육학과를 졸
업하고 일본 교도(共同) 통신사 서울지국 기자로 재직하기도 했다.
현재 전문 번역가로 활동 중이다.
옮긴책으로 《아마추어 골프 강좌》《생활 체육으로 건강을 지킨다》 등이 있다.

아마골퍼 270야드 장타로 가는 비결

초판 1쇄 발행 ㅣ 2003년 7월 15일
초판 2쇄 발행 ㅣ 2004년 3월 20일

지은이 ㅣ 카와이 타케시
옮긴이 ㅣ 김영석
펴낸이 ㅣ 양동현

펴낸곳 ㅣ 도서출판 아카데미북
출판등록 ㅣ 제 13-493호
주소 ㅣ 서울시 성북구 동소문동 4가 124-2
대표전화 ㅣ 02)927-2345 팩시밀리 ㅣ 02)927-3199

ISBN 89-5681-018-4 13690

잘못 만들어진 책은 바꾸어 드립니다.